JULES JANIN

*ŒUVRES DIVERSES PUBLIÉES SOUS LA DIRECTION*

*DE M. A. DE LA FIZELIÈRE*

# CONTES

ET

# NOUVELLES

TOME PREMIER

PARIS
LIBRAIRIE DES BIBLIOPHILES
Rue Saint-Honoré, 338

M DCCC LXXVI

ŒUVRES DIVERSES DE JULES JANIN

PUBLIÉES SOUS LA DIRECTION

DE M. ALBERT DE LA FIZELIÈRE

IV

# CONTES

## ET NOUVELLES

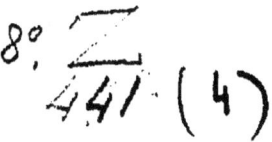

Il a été fait un tirage d'amateurs, ainsi composé :

300 exemplaires sur papier de Hollande (N°s 51 à 350).
 25    —     sur papier de Chine (N°s 1 à 25).
 25    —     sur papier Whatman (N°s 26 à 50).
―――
350 exemplaires, numérotés au tome I<sup>er</sup> de la collection.

*Tous les exemplaires de ce tirage sont ornés d'une* GRAVURE A L'EAU-FORTE DE M. ED. HÉDOUIN.

LE MARIAGE VENDÉEN.

JULES JANIN

—

# CONTES

ET

# NOUVELLES

—

TOME PREMIER

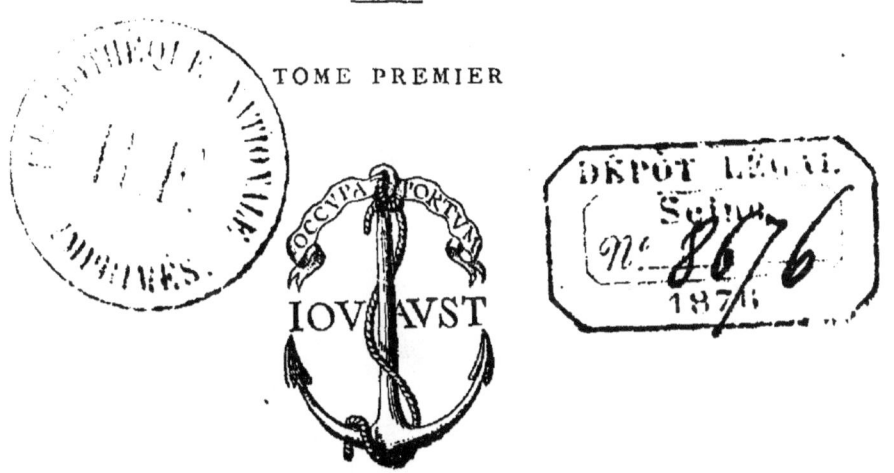

PARIS

LIBRAIRIE DES BIBLIOPHILES

Rue Saint-Honoré, 338

—

M DCCC LXXVI

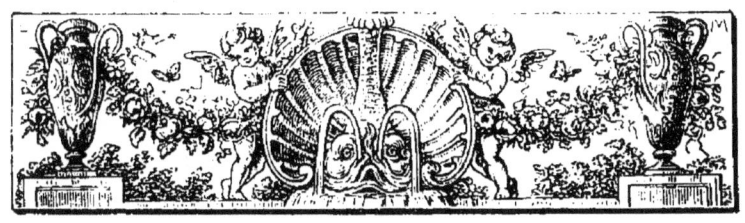

# LE
# MARIAGE VENDÉEN

Vous ne savez donc pas comment s'était marié M. Baudelot de Dairval, qui est mort il y a quatre ans, et qui a été tant pleuré par sa femme qu'elle est morte huit jours après son mari, la noble dame? C'est pourtant une histoire bien digne d'être racontée, parce qu'elle est touchante et spirituelle à la fois, ce qui est rare dans les histoires de notre pays. Je veux donc vous raconter celle-là; d'ailleurs elle se passe en Vendée, et le héros est un Vendéen très-brave, très-jeune, très-hardi, d'un très-beau sang, et qui est mort dans son lit, fort tranquillement, sans se douter qu'il y aurait une seconde Vendée un an après sa mort.

Baudelot de Dairval était le petit-fils de ce même César Baudelot dont il est question dans les Mémoires de la duchesse d'Orléans, la propre mère du régent Louis-Philippe. Cette femme, qui a jeté tant de mépris sur les plus grands noms de France, et qui n'a épargné ni son fils ni ses petites-filles, n'a pu s'empêcher de parler avec éloges de César de Baudelot. Saint-Simon, ce gentilhomme sceptique et moqueur, mais bon gentilhomme, parle avec éloge des Baudelot. Vous comprenez donc que le jeune Henri, avec un pareil nom à porter, ne fut pas des derniers à se rendre dans la première Vendée pour y protester, les armes à la main, contre les excès de la Révolution. Baudelot se fit Vendéen tout simplement parce qu'il n'y avait pas alors autre chose à faire pour un homme de son nom et de son caprice; il se battit comme on se battait là-bas, ni plus ni moins; il était l'ami de Cathelineau et de tous les autres; il assista à ces batailles de géants, il y assista en riant et en chantant quand il s'était bien battu et qu'il n'entendait plus le cri des blessés. Quelle guerre, quelles tempêtes livides furent comparables à celles-là ? Mais ce n'est pas mon compte de refaire un récit fait si souvent et avec des couleurs si différentes. Ce n'est donc pas mon fait ni le vôtre de vous raconter les belles actions de Baudelot de Dairval.

Seulement, je veux vous dire qu'un jour, lui treizième, surpris dans une ferme par un détachement de bleus, Baudelot assembla sa troupe à l'improviste.

« Mes amis, dit-il, la ferme est cernée ; fuyez tous ! Emmenez ces femmes et ces enfants ; allez rejoindre notre chef Cathelineau. Pour moi, je reste et je défends la porte ; je tiendrai bien dix minutes tout seul. Ils sont trois cents là-bas qui nous égorgeraient tous. Adieu, adieu, mes braves ! Pensez à moi. A mon tour aujourd'hui : vous autres, vous vous ferez tuer demain. »

Dans ces temps d'exception et dans cette guerre exceptionnelle on ne s'étonnait de rien ; on ne songeait même pas à ces luttes d'héroïsme si fréquentes dans les guerres élégantes. Dans une lutte d'extermination comme celle-là on n'avait pas le temps de faire de la grandeur d'âme ; on ne se drapait pas héroïquement : l'héroïsme était tout nu et tout cru. Aussi les soldats de Baudelot, entendant ainsi parler leur chef, jugèrent, à part eux-mêmes, que leur chef parlait bien, et ils lui obéirent aussi simplement qu'il leur avait commandé. Ils se retirèrent par le toit, emmenant les femmes et les enfants. Baudelot cependant, resté à la porte, faisait du bruit comme quarante, haranguant, disputant, faisant retentir son fusil. On eût dit que tout un régiment était derrière cette porte, prêt à faire feu; les bleus se tenaient sur leurs gardes. Baudelot fut ainsi sur la défensive tant qu'il eut de la voix.

Mais quand la voix lui manqua et lorsqu'il jugea que sa troupe était en lieu de sûreté, l'innocent jeune homme se fatigua de cette feinte guerrière; il se sentit mal à l'aise de commander ainsi une troupe absente, et, sans plus parler davantage, il n'eut plus d'autre souci que d'étayer en dedans la porte, qui était fortement ébranlée au dehors. Alors, après avoir parlé comme dix, il fit l'ouvrage de dix. Cela dura encore quelques minutes. Cependant la porte craqua, les bleus firent feu par les jointures. Baudelot ne fut pas blessé, et, comme il avait été interrompu dans son repas, il se mit à table, achevant tranquillement de manger un morceau de pain et de fromage et de vider un pot de piquette, se disant à lui-même qu'il faisait son dernier repas.

A la fin la porte fut forcée, les bleus entrèrent. Il leur fallut quelques minutes pour débarrasser de tous les obstacles la porte de la maison et pour se reconnaître au milieu de la fumée de leurs fusils. Les soldats de la république cherchaient avidement du regard et du sabre cette troupe armée qui leur avait tenu tête si longtemps : vous jugez de leur surprise lorsqu'au lieu de tous ces hommes dont ils avaient cru entendre distinctement les voix, ils ne découvrirent qu'un très-beau jeune homme d'une haute taille, d'un visage très-calme, qui mangeait tranquillement un pain noir arrosé de piquette! Les vainqueurs s'arrêtèrent, muets d'étonnement, appuyés sur leurs fusils, ce qui donna le temps à Henri Baudelot de vider son dernier verre et d'achever sa dernière bouchée.

« A votre santé, Messieurs! leur dit-il en portant son verre à ses lèvres. La garnison vous remercie du répit que vous lui avez donné. »

En même temps il se leva, et, allant droit au capitaine :

« Monsieur, lui dit-il, il n'y a que moi dans cette maison ; je suis tout prêt à passer derrière le buisson que voilà. »

Puis il ne dit plus rien, il attendit. A sa grande surprise, Baudelot ne fut pas fusillé sur-le-champ. Peut-être était-il tombé entre les mains de quelques recrues assez peu exercées pour vouloir attendre vingt-quatre heures avant de tuer un homme ; peut-être ses vainqueurs furent-ils arrêtés par sa bonne mine, et par son sang-froid, et par cette honte qu'il y a toujours à se mettre trois cents pour égorger un seul homme. N'oubliez pas que dans cette triste guerre il y avait des sentiments français des deux parts.

On se contenta donc de lier les mains de Baudelot et de le conduire, ainsi garrotté et très-fort surveillé, à un manoir des environs de Nantes, autrefois jolie et élégante maison seigneuriale, qui était devenue depuis les guerres une espèce de forteresse. Le maître de cette maison n'était autre que le chef de ces mêmes bleus qui avaient saisi et garrotté Baudelot. Ce Breton, gentilhomme quoique bleu, avait donné des premiers dans les transports de la révolution. Il était du nombre de ces nobles qui ont fait tant d'héroïsme à leur préjudice, et qui se dépouillèrent en un seul jour de leur fortune, de leurs armoiries et de leurs noms propres, sans songer à ce qu'ils avaient promis à leurs pères, à ce qu'ils devaient à leurs fils, également oublieux du passé et de l'avenir, victimes infortunées du présent. Mais ne leur faisons pas de reproches, à ceux-là : ou bien ils sont morts sous le coup de la révolution, qu'ils ont trop bien servie et qui les a dévorés comme les autres; ou bien ils ont assez vécu pour voir combien leurs sacrifices n'ont profité à personne, et comment ils sont restés dépouillés, eux tout seuls, pendant que la France bourgeoise faisait sans eux tout ce rapide chemin.

Baudelot de Dairval fut enfermé dans le donjon, c'est-à-dire dans le pigeonnier de la gentilhommière de son vainqueur. Les colombes, chassées par la guerre, avaient fait place aux chouans prisonniers. La prison avait conservé un air calme et débonnaire; elle était recouverte encore de son ardoise brillante, encore surmontée de sa girouette résonnante; on ne s'était pas cru obligé de mettre des barreaux de fer aux ouvertures par lesquelles s'échappaient les pigeons domestiques pour revenir le soir. Au reste, c'est à peine si l'on avait ajouté un peu de paille à l'ameublement ordinaire du pigeonnier. C'est là que fut enfermé Baudelot.

Au premier abord cela lui parut original d'avoir pour prison le colombier d'un manoir rustique. Il se promit de faire là-dessus une romance, avec accompagnement de guitare, aussitôt qu'il aurait les mains libres. Comme il était ainsi à rêver romance et guitare, il entendit le son d'un violon et d'un galoubet champêtre. Le violon et le galoubet jouaient une marche joyeuse. Baudelot se souleva sur son coude, et, à force d'amonceler la paille contre le mur avec son épaule, il atteignit un des trous du pigeonnier; et alors il vit tous les détails d'une fête : une longue procession de jeunes gens et de belles dames en robes blanches, précédés par des ménétriers de village. La procession était leste, chacun se livrait à la joie. La fête passa au pied du colombier, ou, si vous aimez mieux, au pied de la tour. En passant au pied de la tour, une jeune et jolie personne regarda attentivement au sommet. Elle était blanche et fine de taille; elle avait l'air rêveur. Baudelot comprit qu'on savait qu'il y avait là un prisonnier, et pendant que la fête s'éloigne, voilà mon valeureux Baudelot qui se met à siffler l'air de *Richard* :

Dans une tour obscure,

ou un air approchant; car c'était un jeune homme versé dans toutes sortes de combats et de romances, aussi habile à manier une épée qu'une guitare, distingué à cheval, distingué à la danse, un vrai gentilhomme d'épée et d'esprit, comme on en voit encore et comme on n'en fait plus.

La noce passa : si ce n'était pas tout à fait une noce, c'étaient des fiançailles. Baudelot achevait de chanter : il entendait du bruit à la porte de sa prison; on entra.

C'était le maître de la maison lui-même. Il avait été marquis sous Capet; maintenant il s'appelait tout simplement Hamelin; il était bleu, et du reste assez honnête homme. La république le dominait corps et âme; il lui prêtait son épée et son château, mais voilà tout : il n'était pas devenu méchant et cruel à son service. Le matin même de ce jour qui touchait à sa fin, le capitaine Hamelin, car il avait été fait capitaine par la république, avait été averti que des chouans s'étaient arrêtés à sa ferme. A cette nouvelle il s'était mis à la tête d'un détachement, renvoyant ses propres fiançailles à une heure plus éloignée. Vous savez comment il s'était emparé de Baudelot. Une fois Baudelot le chouan en sûreté, le capitaine Hamelin était retourné à ses fiançailles; et voilà pourquoi il n'avait pas amené sur-le-champ son prisonnier à Nantes, ou, tout au moins, voilà pourquoi il ne l'avait pas fait fusiller sur-le-champ.

Le capitaine Hamelin n'était pas tellement capitaine bleu qu'il eût tout à fait oublié les vieilles coutumes hospitalières du terroir breton : il se crut donc obligé de faire une visite à son hôte pendant que les convives de ses fiançailles se mettaient à table.

« Que puis-je faire pour vous obliger, Monsieur? dit Hamelin à Baudelot.

— Seigneur châtelain, dit Baudelot en s'inclinant, je vous demande en grâce de me donner au moins l'usage d'une de mes mains, s'il vous plaît.

— Vos deux mains seront déliées, Monsieur, répondit Hamelin, si vous voulez me promettre de ne faire aucune tentative d'évasion. Seulement, avant de rien promettre, souvenez-vous que demain, à six heures du matin, vous serez conduit à Nantes, à coup sûr.

— Et fusillé à huit heures, aussi à coup sûr ? » dit Baudelot.

Le capitaine Hamelin garda le silence.

« Eh bien! Monsieur, dit Baudelot, faites-moi délier les mains, et, sauf délivrance, je m'engage, sur ma parole d'honneur de gentilhomme et de chrétien, de rester ici comme un pigeon à qui on a coupé les ailes. »

Le capitaine Hamelin ne put s'empêcher de sourire à l'allusion de son prisonnier; il lui fit délier les mains.

« A présent, dit Baudelot en étendant les bras comme un homme fatigué d'un long sommeil, à présent, Monsieur, je vous remercie, et je suis vraiment votre obligé jusqu'à demain, et ce n'est pas ma faute si ma reconnaissance ne dure pas plus longtemps. »

Le capitaine Hamelin lui dit :

« Si vous avez quelques dispositions dernières

à arranger, un testament à faire, par exemple, je puis vous envoyer de quoi écrire. »

Disant cela, Hamelin avait l'air ému, et dans le fond il l'était, car on n'est pas Breton impunément.

Baudelot, voyant son hôte ému, lui prit la main.

« Voyez-vous, lui dit-il d'un air profondément convaincu, ce simple mot *testament* me fait plus de mal que cet autre mot *la mort à Nantes;* ce mot-là : *Faites votre testament,* m'a rappelé la mort de tous les miens. Je n'ai personne à qui léguer mon nom, mon épée, mon amour et ma haine : car c'est là tout le bien qui me reste. Pourtant cela doit être amusant et doux de disposer de sa fortune, d'être généreux au delà même de la tombe, de se figurer, en écrivant ses derniers bienfaits, les larmes de joie et de douleur qu'on fera verser après sa mort. Cela est honorable et doux, n'est-ce pas, capitaine ? N'y pensons plus.

« Je vais vous envoyer à dîner, dit Hamelin. Justement c'est aujourd'hui mon jour de fiançailles, et ma table sera mieux pourvue que de coutume. Ma fiancée vous servira elle-même, Monsieur. »

Baudelot aperçut à l'un des trous les plus élevés de sa cage une petite marguerite qui avait été semée là par un des premiers habitants du colombier. La jolie fleur se balançait joyeusement aux vents. Elle avait déjà attiré les regards de Baudelot; il cueillit la jolie fleur.

Puis il la présenta au capitaine :

« C'est l'usage chez nous, capitaine, de faire à la fiancée le cadeau des fiançailles : soyez assez bon pour remettre à la vôtre cette petite fleur éclose dans mon domaine. Et à présent, capitaine, bonsoir : voilà déjà assez longtemps que je vous arrache à vos amours. Dieu se souviendra de votre humanité pour moi, mon hôte. Adieu, portez-vous bien. Envoyez-moi à souper, car j'ai faim et besoin de repos. »

Et ils se séparèrent en se disant du regard un adieu amical.

On apporta à dîner au jeune Vendéen. La jeune fille qui le servait, jolie Bretonne aux dents blanches, aux lèvres roses, à l'air pensif cependant, comme cela convenait à une timide enfant des campagnes qui avait déjà vu passer tant de proscrits, servait Baudelot avec une attention sans égale. Elle ne lui laissait ni répit ni trêve qu'il n'eût mangé de tel plat, qu'il n'eût bu de tel vin : car Baudelot fut servi tout à fait comme les convives de la maison. Le repas était magnifique. Le colombier s'en ressentit; c'était presque comme au bon temps, quand les habitants ailés de la tourelle allaient ramasser les miettes du festin. Une fois, comme la jeune fille versait du vin de Champagne à Baudelot :

« Comment vous appelle-t-on, mon enfant? lui dit Baudelot.

— Je m'appelle Marie, dit l'enfant.

— Comme ma cousine, reprit le jeune homme. Et quel âge avez-vous, Marie?

— Dix-sept ans, dit Marie.

— Comme ma cousine, » dit Baudelot.

Ici le cœur pensa lui manquer, songeant à sa belle parente égorgée par le bourreau; mais il aurait rougi de pleurer devant cette enfant, qui avait déjà les larmes aux yeux; et, ne pouvant lui dire autre chose, il lui tendait son verre.

Mais le verre était plein, mais dans le verre étincelait joyeusement le vin de Champagne, et sur ce verre venait tomber le dernier rayon du soleil. Il ne faut pas tromper nos neveux : rien n'est plus vrai, le vin de Champagne a petillé et le printemps est venu, même pendant la Terreur!

Voyant que son verre était plein, Baudelot dit à Marie :

« Tu n'as pas de verre, Marie?

— Je n'ai pas soif, dit Marie.

— Oh! dit Baudelot, ce vin que tu vois, qui

petille, n'aime pas à être bu par un homme tout seul; il est bon compagnon de sa nature, il se plaît au milieu des gais convives : c'est le plus grand soutien de cette fraternité dont tu as tant entendu parler, ma pauvre Marie, et que les hommes comprennent si peu. Fais-moi donc l'amitié de tremper tes lèvres dans mon verre, ma jolie Bretonne, si tu veux que je boive encore du vin de Champagne avant de mourir. »

En même temps il portait son verre aux lèvres de Marie. Déjà Marie tendait ses lèvres, mais à ce mot *mourir* son cœur gonflé déborda, et elle versa d'abondantes larmes qui roulèrent dans le vin joyeux.

« A ta santé, Marie ! » dit Baudelot. Et le vin et les larmes, Baudelot but tout cela à la santé de Marie.

Au même instant le son du cor, le chant du hautbois, l'accompagnement des violons, se firent entendre.

« Qu'est-ce cela ? dit le jeune homme, posant son verre et passant tout à coup de l'enthousiasme au sourire. Dieu me pardonne, dit-il, c'est un bal !

— Hélas ! disait Marie, hélas ! oui, c'est un bal. Ma jeune maîtresse ne voulait pas danser, mais son mari et son père l'ont voulu. Elle va être bien malheureuse ce soir ! »

A ces mots le jeune Vendéen :

« Oh! dit-il, ma bonne Marie, si tu es bonne, comme je crois, fais cela pour l'amour de moi. Va, cours, vole, dis à ta maîtresse que le comte Baudelot de Dairval, colonel de chevau-légers, demande la permission de présenter ses respects... Ou plutôt ne dis pas cela, Marie; ou plutôt va-t'en trouver mon hôte et non sa femme, et dis-lui que son prisonnier s'ennuie, que le bruit du bal va l'empêcher de dormir, que la nuit sera longue et froide, que c'est une charité d'arracher un malheureux jeune homme aux tristes réflexions de sa dernière nuit; que je le prie, au nom du ciel, de me laisser aller à son bal cette nuit; qu'il a ma parole d'honneur que je ne songerai pas à m'échapper. Dis-lui tout cela, Marie, et dis-lui encore tout ce qui te viendra à l'âme et au cœur. Parle un peu haut, afin d'être entendue par ta maîtresse et d'intéresser ta maîtresse pour moi; et grâce à toi, Marie, je n'en doute pas, il se laissera fléchir. Alors, si je suis invité à ce bal, alors, mon enfant, envoie-moi le valet de chambre de ton maître; dis-lui qu'il m'apporte du linge blanc et de la poudre pour mes cheveux — on doit trouver encore un reste de poudre dans le château; — dis-lui aussi qu'il m'apporte un habit de son maître et qu'on me prête mon épée, seulement pour me parer ce soir : je ne la tirerai plus du fourreau. Mais va donc, va donc, Marie, va, mon enfant. »

Et le jeune prisonnier tour à tour pressait et retenait l'enfant. A voir cela on n'eût pu s'empêcher de rire et de pleurer tout à la fois.

Quelques instants après parut dans le colombier le valet de chambre du capitaine Hamelin. Ce valet de chambre était un vieux bonhomme très-fidèle à la poudre, très-fidèle aux vieux usages, très-regrettant l'aristocratie, dont il était un des membres et un membre fort actif. A la Révolution française ce valet de chambre avait perdu beaucoup de son importance. Il est vrai qu'il était devenu membre du conseil municipal, mais dans ces hautes fonctions il regrettait plus d'une fois ses longs tête-à-tête avec les hauts personnages qu'il avait ajustés dans sa jeunesse. Quoique municipal, ce coiffeur était un bonhomme qui n'avait été dévoué à M. de Robespierre que parce que celui-ci, seul dans la France libre, avait osé conserver la poudre, les manchettes et les gilets brodés.

Il apportait au prisonnier un habit complet que le capitaine Hamelin avait fait faire quand il était plus jeune, quand il était marquis, et pour aller à la cour voir le roi, quand il y avait un roi et une cour. Cet habit était fort beau, et fort riche, et fort élégant; le linge était très-blanc, la chaussure très-fine. L'hôte de Baudelot n'avait rien oublié, pas même les parfums, et les senteurs, et les cosmétiques d'une toilette de marquis d'autrefois. Baudelot confia sa tête au vieux valet de chambre, qui la para avec toute complaisance, non sans pousser de profonds soupirs de regret. Baudelot était jeune et beau, mais il y avait longtemps qu'il ne s'était paré. Quand donc il se vit tout habillé, tout frisé, la barbe fraîche, le regard animé par le repas qu'il avait fait et par le violon qu'il entendait au loin, Baudelot ne put s'empêcher de sourire et d'être content de lui, et de se rappeler ses belles nuits de bal masqué à l'Opéra avec M. le comte de Mirabeau.

Il n'y eut pas jusqu'à son épée qu'on lui remit au sortir du donjon, en lui rappelant son serment de ne pas la tirer. Il était nuit quand il traversa le jardin pour se rendre à la salle du bal.

A ce bal étaient conviées les plus belles dames révolutionnaires de la province. Mais vous savez que les femmes ne sont pas tellement révolutionnaires qu'elles ne restent quelque peu aristocrates quand il s'agit d'un brave, spirituel, élégant, jeune et beau gentilhomme qui sera fusillé demain.

Revenons à notre histoire. Le bal des fiançailles

commençait. La fiancée était M^lle de Mailly, la petite-nièce de cette belle de Mailly qui avait été si aimée de M^me de Maintenon. C'était une jeune personne blonde et triste, malheureuse évidemment de se livrer à des noces et à la danse dans ces temps de proscription ; c'était une de ces âmes fortes qui sont très-faibles jusqu'à une certaine heure fatale qui n'a pas encore sonné pour elles ; mais, quand cette heure de force a sonné, c'en est fait, cette faiblesse d'âme devient une énergie invincible ; l'héroïne remplace la petite fille ; les ruines d'un monde ne suffiraient pas à intimider celle que tout à l'heure le moindre signe de mécontentement faisait frémir.

Éléonore de Mailly était donc fort triste et fort abattue. Les compagnes de son enfance imitaient son abattement et son silence. Jamais vous n'aviez vu une fête bretonne aussi triste ; on sentait dans ce bal une confusion inexplicable : rien n'allait, ni la danse, ni les danseuses ; le malaise était général. Les jeunes gens eux-mêmes, près des jeunes belles demoiselles, ne cherchaient pas à plaire, et le bal était à peine commencé que déjà tout le monde, sans que personne pût se dire pourquoi, désirait que le bal fût bientôt fini.

Tout à coup la porte de la vaste salle s'ouvrit lentement, et je ne sais pourquoi tous les regards se portèrent en même temps sur cette porte ; mais il est vrai que l'assemblée n'eut à cet instant qu'un seul regard, tant ce bal cherchait avidement une distraction à ses ennuis. Alors par cette porte, entr'ouverte comme pour un fantôme, on vit entrer un joli gentilhomme de la cour, un type perdu, un bel officier bien riant, bien paré. Il avait l'habit de la cour, la tournure de la cour, les élégantes manières de la cour. Cette apparition fit un charmant contraste avec l'ennui de la soirée et la solennité de cette porte lentement ouverte. Les hommes et les femmes les plus bleus dans le fond de l'âme se trouvèrent surpris d'une manière charmante en retrouvant tout à coup au milieu d'eux un débris de cette vieille société française anéantie en vingt-quatre heures, hélas! Et, de fait, c'était charmant à voir ce jeune homme proscrit, que la mort attend demain, qui vient au milieu d'une fête de républicains pour y ranimer les danses, y rappeler la gaieté, et qui ce soir-là ne songe qu'à une chose, être aimable et plaire aux femmes, fidèle jusqu'à la fin à sa vocation de gentilhomme français.

L'entrée de Baudelot, que je vous raconte sommairement, fut l'affaire d'une minute. A peine au salon, il ne pensa qu'à se livrer au bal. Il alla donc inviter tout d'abord la première femme qu'on voit tout d'abord quand on est près d'aimer une femme. C'était cette jeune fille blonde et nerveuse qu'il avait déjà aperçue dans le jardin. Elle accepta l'invitation du jeune homme sans hésiter, et au contraire avec un grand empressement, sachant que la mort républicaine, la plus implacable de toutes les morts, se tenait derrière son danseur pour lui offrir sa main sanglante. Quand donc les hommes virent que Baudelot dansait, tout mourant qu'il était, les hommes rougirent de leur peu d'empressement auprès des femmes : toutes les femmes furent invitées à la danse. Les femmes, de leur côté, acceptèrent la main des danseurs parce qu'elles voulaient voir danser Baudelot de plus près; si bien que, grâce à cette victime qui allait mourir, ce bal, tout à l'heure si triste et si solennel, prit tout à coup l'aspect d'une fête véritable : ce fut parmi ces hommes et ces femmes à qui se livrerait le plus à la danse corps et âme. Quant à Baudelot, il partageait de son mieux ce plaisir convulsif; il était le seul, dans toute cette foule, qui s'amusât naturellement, le seul dont le sourire ne fût pas forcé, le seul dont la danse fût légère et gracieuse; les autres s'amusaient à force de terreur, ils s'enivraient jusqu'au délire à l'aspect de ce beau jeune homme qui dansait sans porter ombrage aux hommes et tout en faisant rêver les femmes. Baudelot était le roi de la fête bien plus que le fiancé lui-même, bien plus que la fiancée : Baudelot était le fiancé de l'échafaud ! Le bal, animé par tant de passions diverses, par tant de terreurs, par tant d'intérêts sanglants, s'empara de ces hommes de toutes manières. Baudelot était partout, saluant les vieilles femmes en roi de France, les jeunes avec admiration et bonheur, parlant aux hommes le fou langage de la jeunesse, langage naturel mêlé d'esprit; il n'y avait pas jusqu'aux violons auxquels Baudelot n'indiquât les airs les plus nouveaux; même il joua avec beaucoup de vivacité et de justesse une sarabande de Lulli. Certes la main qui fouettait avec tant de justesse la corde d'un violon ne tremblait pas.

Et cependant, plus Baudelot se livrait à cette gaieté franche et naturelle, plus il oubliait la nuit, qui s'avançait avec une rapidité effrayante. En même temps, plus l'heure avançait, et plus les femmes se mettaient à frissonner dans le fond du cœur et à penser qu'il était mort : car c'était là une époque tellement rapprochée de l'antique honneur français que la seule présence de Baudelot à ce bal détruisait tout espoir de salut pour lui. On le savait plus enchaîné par sa parole qu'il ne l'eût été par des chaînes de fer; et puis, d'ailleurs, en ceci chacun faisait son devoir, Baudelot et Hamelin. Hamelin, en donnant cette fête à Baudelot, ne faisait aucun tort au comité de salut public ; le comité de salut public n'y perdait pas un cheveu de Baudelot.

Vous concevez donc que tous les regards furent bien tendres et tous les sourires bien tendres, et que plus d'un soupir s'échappa de toutes les poitrines à la vue du beau proscrit. Lui, enivré de tant de succès, il n'avait jamais été si plein de passion et d'amour. Aussi, quand pour la troisième fois il vint à faire danser la reine du bal, la blonde fiancée, il sentit que cette petite main tremblait dans la sienne, et il trembla à son tour.

Car, jetant un regard sur cette jeune femme, il la trouva pâle et mourante.

« Qu'avez-vous donc, Éléonore ? lui dit-il ; qu'avez-vous, Madame ? Par pitié pour votre danseur, ne tremblez pas et ne pâlissez pas ainsi ! »

Et alors, se retournant vers les rideaux du salon, qui s'agitaient aux sons de la danse, elle lui montra déjà la première aube du jour qui blanchissait les rideaux.

« Voici le jour ! dit-elle à Baudelot.

— Eh bien ! dit Baudelot, qu'importe ? voici le jour ; j'ai passé la plus belle nuit de ma vie ; je vous ai vue et je vous ai aimée, et j'ai pu vous dire : *Je vous aime !* parce que vous savez bien que les morts ne mentent pas. Et à présent, adieu, Éléonore, adieu. Soyez heureuse, et recevez la bénédiction du chouan ! »

C'était l'usage en Bretagne d'embrasser sa danseuse sur le front à la dernière contredanse.

La contredanse finie, Baudelot appuya ses lèvres sur le front d'Éléonore. Éléonore se trouva mal ; mais elle était si légère que tout son corps s'arrêta immobile, son front restant appuyé sur les lèvres de Baudelot.

Cela dura une seconde.

Elle reprit ses sens, et Baudelot la reconduisit à sa place.

Alors elle le fit asseoir à son côté, et elle lui dit :

« Écoute, il faut partir ; écoute, on met les chevaux à la voiture qui va te conduire à Nantes ; écoute, dans deux heures tu es mort... Fuis donc ! Si tu veux, je pars avec toi. On ne dira pas que c'est la peur qui te fait fuir, on dira que c'est l'amour ! Écoute, si tu ne pars pas tout seul ou avec moi, je me place sous les roues de la voiture, et tu passeras sur mon corps brisé. »

Elle disait cela tout bas, sans regarder Baudelot et presque en souriant, et tout comme si elle eût parlé d'un autre bal.

Baudelot ne l'écoutait pas, mais il la regardait

avec une joie qu'il n'avait jamais rencontrée au fond de son cœur.

« Comme je l'aime ! » se disait Baudelot.

Quand elle eut tout dit, Baudelot reprit :

« Vous savez bien que c'est impossible, Éléonore. Oh ! oui, si j'étais libre, vous n'auriez pas d'autre mari que moi ; mais je ne suis plus à personne, ni à moi, ni à vous. Adieu donc, mon bel ange ; et si tu m'aimes, rends-moi cette fleur des champs que je t'ai envoyée de mon donjon ; rends-la moi, Éléonore. La petite fleur a paré ton sein, elle m'aidera à mourir. »

Si on eût regardé Éléonore en ce moment, on se serait demandé : *Est-elle morte ?* Et, en effet, le silence était solennel, la musique se taisait, le jour inondait les appartements. Tout était dit.

Tout à coup un grand bruit de cavaliers et de chevaux se fit entendre au dehors. A ce bruit, qui venait du côté de Nantes, toutes les femmes, par un mouvement spontané, couvrirent Baudelot de leur corps ; mais c'étaient les soldats de Baudelot lui-même qui venaient délivrer leur maître. Ils avaient ouvert la maison ; ils étaient alors dans le jardin, et ils allaient criant : « Baudelot ! Baudelot ! »

Les chouans furent bien étonnés de trouver leur jeune chef, qu'ils croyaient chargé de fers, entouré de femmes dans une parure d'éclat, et lui-même tout paré, et comme ils ne l'avaient jamais vu.

La première question que leur fit Baudelot fut celle-ci :

« Êtes-vous entrés au pigeonnier, Messieurs?

— Oui, dit l'un d'eux; c'est par là que nous avons commencé, capitaine. Vous ne retrouverez plus le pigeonnier, ni vous, ni aucun des pigeons qui l'ont habité : le pigeonnier est à bas.

— S'il en est ainsi, dit Baudelot en tirant son épée, me voilà dégagé de ma parole, et je suis libre. Merci, mes braves ! »

Puis il ôta son chapeau.

« Madame, dit-il avec un son de voix très-doux, recevez tous les humbles remercîments du captif. »

Baudelot demanda une voiture.

« Une voiture est là tout attelée, capitaine, dit un des siens : elle devait vous conduire à Nantes, à ce que nous a dit le propriétaire de la maison. »

En même temps Baudelot aperçut Hamelin attaché avec ses propres cordes.

« Capitaine Hamelin, dit Baudelot, service pour service. Seulement, au lieu de délier vos cordes, laissez-moi les couper. Elles ne serviront plus à personne. »

Puis, comme Éléonore revenait à elle :

« Capitaine Hamelin, reprit encore Baudelot, c'est une triste époque pour des fiançailles que ce temps de guerres civiles et de sang répandu : on ne sait jamais si l'on ne sera pas dérangé le matin par un prisonnier à surveiller, ou le soir par des ennemis à recevoir. Remettez donc à un autre jour, s'il vous plaît, votre mariage. Voyez : votre fiancée elle-même vous en prie... Ma noble demoiselle, permettez à de pauvres chouans de vous reconduire au château de Mailly. Madame, le voulez-vous ? »

Et tous les jeunes chouans partirent au galop, tout joyeux d'avoir délivré leur capitaine, et se pavanant au soleil qui se levait. Les pauvres enfants, ils avaient si peu de temps à jouir du soleil !

Tous ces jeunes gens-là furent tués le même jour et à la même bataille où fut tué Cathelineau le père : car, à présent, il y a deux Cathelineau qui sont morts pour la même cause, morts tous deux en royalistes et en chrétiens. Ce que c'est que le bonheur des temps !

Il y a des hommes qui sont immortels, quoi qu'ils fassent. Baudelot de Dairval ne fut pas tué, bien qu'il n'eût pas quitté la Vendée une heure. Quand son pays fut moins inondé de sang, Baudelot épousa Éléonore de Mailly ; le capitaine

Hamelin signa au contrat comme adjoint municipal.

Ainsi finit cette histoire. Mais n'admirez-vous pas comme moi le bonheur du comte de Baudelot?

# ÉMILE

ÉMILE est un noble enfant; son œil parle et se tait à la fois; son attitude, ses mouvements, ont quelque chose de ferme et de doux qu'on ne sait comment définir. Quand il vous regarde, les bras pendants, les lèvres pressées, le sourire suspendu, vous sentez venir son âme vers votre âme et l'interroger mystérieusement. Il est imposant, il est gracieux, il est mieux que tout cela, car c'est un véritable enfant.

Le voici plus avenant que jamais : il a la conscience de sa petite majesté. Pour raffoler de lui, à peine faudrait-il être sa mère.

Elle est pourtant là, sa mère, indifférente, occupée de tout autre chose que de son enfant, quoique parfaitement désœuvrée.

M<sup>me</sup> Montbrisac devrait avoir l'esprit libre, cependant : son mari vient de la quitter ; il est allé chercher dans les ennuis de la ville le délassement des ennuis de la campagne.

La soirée est belle, l'air s'attiédit et s'embaume, la campagne se couvre de paix et de mélancolie ; il fait bon respirer le premier vent du soir ; au bord des étangs il fait bon écouter les derniers sifflements des moucherons qui tourbillonnent, et laisser mourir les pensées de son âme dans les douces teintes du crépuscule.

M^me Montbrisac n'a pas l'air de songer à ces champêtres beautés du soir. Elle commence sa toilette, qui est achevée ; elle gronde sa femme de chambre, dont elle est fort contente ; elle parle tendrement à Émile sans se soucier de lui.

Une jolie femme est plus souvent laide qu'une autre. M^me Montbrisac a des yeux parfaits, une bouche parfaite, une taille parfaite ; mais tout cela manque de quelque chose, à en juger par le sourire de la femme de chambre et par le regard étrange de l'enfant.

Juliette est vive, décente et gentille ; elle est femme dans son geste, dans son port, dans le moindre son de sa voix. Pour M^me Montbrisac, elle se contraint ; sa roideur semble être encore plus morale que physique. La présence d'Émile produit sur elle un effet extraordinaire ; elle voudrait le caresser, elle ne le veut pas ; elle pourrait le renvoyer, elle ne le peut pas.

Juliette jouit un moment de l'incertitude de sa maîtresse; elle joue avec Émile, qui, tour à tour distrait et folâtre, finit par embrasser les deux femmes à force de les comparer l'une à l'autre.

« Allons, Monsieur, dit Juliette, Madame a été souffrante toute la journée; elle a besoin d'être seule ; vous allez faire votre promenade du soir, et puis, bonsoir, nous nous mettrons au lit. »

Émile ne répondit rien ; seulement il rougit légèrement quand il sentit dans sa petite main la petite main de Juliette ; son cœur battit, et le tremblement de tout son corps attestait une émotion plus qu'enfantine. Il reçut froidement l'adieu de sa mère, et, à peine sorti de l'appartement, il se jeta au cou de Juliette, l'embrassant avidement partout où il pouvait. Puis il rougit de plus belle.

Juliette n'osa pas comprendre Émile; Émile la contempla un instant, puis il s'éloigna comme un trait et disparut dans le jardin.

Juliette ne fit rien pour le retenir.

Émile courait, courait toujours, poursuivi par quelque chose qu'il n'aurait pas pu nommer. Quand il fut bien seul et certain qu'on ne pouvait l'atteindre, il s'arrêta tout court. Sa fuite, n'était pas une espièglerie : le trouble des sens qui prélude à de lointaines passions l'avait emporté hors de lui-même; il lui avait fallu liberté, silence, solitude.

Il s'assit sur un banc de mousse, repassant dans son âme d'un jour des joies, des douleurs qui n'étaient qu'à moitié nées. Cette rêverie n'était pas même une rêverie. Émile n'était après tout qu'un enfant, mais un instinct vigoureux le poussait hors de sa situation. Négligé par sa mère, par son père, aimé d'une seule personne au monde, de Juliette, Émile, que son innocence éclairait subitement, sentait son cœur chargé d'un double poids; il comprenait mieux que par l'intelligence qu'il avait trop peu d'amour pour ses parents et trop de penchant pour Juliette.

Mais ce fut là une pensée vaine et fugitive, un éclair. Émile était déjà en train de jouer; il cueillait des fleurs et les effeuillait en courant, sans se retourner pour voir son ouvrage; il se couchait de tout son long parmi de hautes herbes, regardant du milieu de ces ondulations la mer bleue et sans bornes du ciel qui s'étendait au-dessus de lui; quelquefois il s'enfonçait parmi les massifs dont les ombres étaient déjà toutes noires. Là, il s'étonnait de n'avoir pas peur. Les formes fantastiques produites par les accidents du crépuscule lui semblaient cette fois des êtres gracieux et familiers. Dans un endroit retiré du parc, il y avait un écho singulier, sur lequel on avait fait des contes effrayants. Émile osait à peine l'interroger en plein jour, et quand Juliette était là il y courait pour essayer son courage.

« Émile ! Émile ! » criait-il à l'écho.

Et le nom se répétait sur différents tons, avec un accent mélancolique propre à inspirer une légende. Émile avait fait répéter à l'écho tout ce qu'il avait pu, des gémissements, des jurements, des chansons ; il allait finir par un ricanement prolongé, quand un bruit de pas l'interrompit.

Il se cacha derrière une statue à moitié brisée, croyant bien qu'on venait le chercher ; mais il se rassura bientôt.

M$^{me}$ Montbrisac arrivait droit à lui sans paraître avoir rien entendu. Elle n'avait plus son air sec et disgracieux ; elle marchait vivement, respirant à peine, écoutant tous les bruits et tous les silences.

Quelquefois elle s'arrêtait, les mains posées sur son cœur, abîmée dans ses réflexions ; puis elle reprenait sa marche comme si chaque minute de retard eût décidé de son existence.

C'était pour la première fois qu'elle apparaissait tout entière à Émile. Cet empressement, ce trouble, cet éclat de voix, effaçaient Juliette. L'enfant resta ébahi, enchanté, à l'aspect de sa mère; il voyait une femme aussi belle de passion qu'un jeune homme eût pu la rêver, et il pouvait sans honte, sans timidité, la contempler longuement. Jusque-là il n'avait guère souhaité ses caresses; maintenant il voulait s'aller jeter dans ses bras. Le mal que lui faisait Juliette serait un bien sous les baisers de sa mère. Volupté, pudeur, noblesse, familiarité, il trouverait à présent dans les bras de sa mère tout ce qu'appelait son cœur.

Dans son imagination, dans ses pauses, M$^{me}$ Montbrisac avait prononcé le nom d'Émile, et avec un accent tout nouveau pour lui; et chaque fois elle avait paru prête à revenir sur ses pas. L'enfant n'hésita plus à la joindre. Elle venait de le dépasser; il la suivit, entraîné, hors de lui, l'appelant d'une voix tremblante qui ne l'atteignait pas.

M$^{me}$ Montbrisac marchait vite; elle disparaissait peu à peu à travers les arbres, et l'enfant ne revoyait que de loin en loin sa robe flottante.

Il se mit à courir après sa mère, et il arriva près d'une grotte où il lui semblait que sa mère était entrée.

Un trouble inconnu s'empara de lui; il resta un moment sans pouvoir reculer ni avancer. Le lieu était sombre et désert; de vieux marronniers y jetaient une ombre profonde; on n'entendait que le bruit confus du feuillage agité par le vent. Émile avait peur, mais il ne joignait pas sa mère. Une autre crainte, dont il était loin de deviner la nature, le retenait à la même place. M^me Montbrisac venait-elle donc le chercher si loin? La grotte était-elle donc si vaste qu'elle ne l'eût pas encore parcourue? N'y avait-il là aucun mystère, en effet?

Émile n'osait ni rester seul ni se réunir à sa mère; il s'imagina pourtant qu'il n'avait peur que de l'obscurité, du vent et du bruit, et il entra dans la grotte, où il venait d'entendre la voix de M^me Montbrisac exprimant une sorte de terreur.

La grotte avait deux issues. Il sembla à Émile qu'on sortait d'un côté pendant qu'il entrait de l'autre; il crut même avoir entendu deux voix parler bas et précipitamment avant qu'il arrivât près de sa mère. Mais le sentiment de la sécurité lui fit oublier tout le reste, et il se serra contre M^me Montbrisac, qui avait l'air d'échapper aussi à une belle peur.

M^me Montbrisac ne put d'abord ouvrir la bouche. Ses regards, attachés à la terre ou tournés vers la seconde issue, évitaient timidement Émile, quoiqu'elle eût passé son bras autour de l'enfant et qu'elle semblât s'en faire une protection.

Elle le ramena au château, s'arrêtant sans cesse

pour le couvrir de larmes et de baisers, et baissant la tête devant les grands regards intelligents de l'enfant.

Juliette reçut ensuite Émile des mains de Mme Montbrisac. Elle le déshabilla, l'embrassa sans aucun trouble, étonnée de le voir redevenu enfant, et comprenant que Mme Montbrisac et Émile avaient agi l'un sur l'autre.

Dès ce jour, Mme Montbrisac tint lieu à Émile de Juliette et de tout le monde. Elle devint sa mère à force de repentir ; elle s'occupait de lui, le faisait lire, crayonner, réciter ses prières du matin et du soir ; elle passait des heures entières à le contempler, découvrant sans cesse en lui de nouvelles grâces et chassant successivement des souvenirs moins purs et moins permis. Rendue à la dignité maternelle, Mme Montbrisac s'étonnait d'avoir rêvé autre chose. Ce changement était trop subit pour qu'on n'en parlât point. Il y avait commentaires sur commentaires... C'était par désœuvrement qu'elle s'occupait d'Émile, c'était par ton, c'était pour faire ce que ne faisait pas M. Montbrisac. Ainsi parle le monde... Il faut bien qu'il parle.

Juliette en savait plus que le monde, mais elle ne disait rien de ce qu'elle savait. Émile était son orgueil, parce qu'il était son élève. Son dévouement à cet enfant l'éclairait sur tout ce qui le touchait. Elle lui avait servi de mère; elle en avait l'instinct. Dans la nouvelle tendresse de Mme Montbrisac elle voyait une affection meilleure opposée à une autre, une vertu née de quelque faute et un moyen de défense contre un péril secret. Parmi les personnes qui fréquentaient le château, Juliette savait que quelqu'un était remarqué de Mme Montbrisac. N'étant pas la confidente de sa maîtresse, qui l'estimait trop pour l'aimer trop, Juliette en était réduite à des conjectures sur le progrès de cette liaison. Moitié vertu, moitié malice, elle avait assez gêné Mme Montbrisac pour croire que cette passion naissante n'avait pas été loin. Elle achevait de s'en convaincre en voyant sa maîtresse fière d'Émile, gaie et semblant provoquer le regard révélateur de l'enfant comme elle l'évitait autrefois.

Quand M. Montbrisac reparut chez lui, les choses avaient bien changé. Il n'y comprit rien. Jusque-là il avait rendu à sa femme indifférence pour indifférence; il l'avait laissée libre parce qu'il voulait être libre. M. Montbrisac retrouvait chez lui une mère à son fils; sa femme était redevenue la mère d'Émile; elle était où il était, elle n'aimait que par lui. Émile la gouvernait entièrement.

Émile donnait à penser à M. Montbrisac. Cet enfant devait être extraordinaire; il avait subjugué sa mère, et, en effet, maintenant que son père y pensait, il se sentait subjugué à son tour.

M. Montbrisac avait fait plus de chemin que sa femme; il avait des maîtresses, et, malgré son indépendance conjugale, il était las de cette vie sans but. Pour tout au monde il aurait voulu aimer sa femme. Mais M<sup>me</sup> Montbrisac était pour ainsi dire restée vertueuse; une fois seulement elle avait failli s'oublier, et l'apparition d'Émile, en la sauvant d'elle-même, avait daté pour elle une vie droite et soutenue.

M. Montbrisac avait bien, il est vrai, soupçonné sa femme; il la négligeait trop pour ne pas être au courant de ses affaires, et il avait su peut-être avant elle-même qu'elle réaliserait bientôt sa iberté.

Quand un mari s'est élevé au courage de la tolérance, rien ne le déconcerte plus que la fidélité de sa femme.

M. Montbrisac vit bientôt où en était la sienne. Tant de vertu dérangeait ses plans de réconciliation. Comment se réconcilier avec elle? il n'avait rien à lui pardonner. Avec la meilleure volonté du monde, il ne pouvait se fâcher ni de ce qu'elle avait eu d'équivoque, ni de ce qu'elle avait de franc et d'abandonné. Quelque coupable qu'il se sentît envers sa femme, il n'avait pas la force de l'accuser.

Rien n'égalait l'embarras des deux époux. M^me Montbrisac se mourait de remords, comme si toutes ses pensées avaient été des actions. L'air étrange de son mari lui semblait être tout un réquisitoire; elle n'avait de recours qu'à aimer son enfant, qu'à se relever par l'orgueil maternel, expiant, puisqu'il le fallait, à force d'oubli d'elle-même, le passé, qui était presque à venir.

Pour M. Montbrisac, il n'avait pas même le plaisir de savoir s'affliger. Ce qu'il sentait à merveille, c'était le ridicule de sa situation. Sa femme le subjuguait; elle avait un maintien tout nouveau, mais tel encore qu'un indifférent n'en eût pas fait la remarque. Elle était belle, de jolie qu'elle avait été. M. Montbrisac se prenait à frissonner rien qu'à la regarder.

Ce réveil des sens achevait le réveil de l'âme. M. Montbrisac, près de sa femme, n'avait plus qu'à surmonter sa propre timidité.

Or Émile intervint entre les époux, et il aida encore à la réconciliation.

C'était au sortir de ce tumulte endormant, de ce bizarre composé de ville et de campagne, qui marquent de temps à autre par un ennui d'apparat l'ennui que les gens comme il faut éprouvent constamment et sans trop en convenir pendant ce qu'ils appellent la belle saison. Il y avait beaucoup de monde au château ; on avait beaucoup ri, par conséquent on avait été fort sérieux ; on avait parlé à bride abattue, par conséquent on n'avait pas pensé à rire ; on avait été universellement enchanté, par conséquent personne n'avait été supportable.

Une fois soulagés de tout ce bonheur, les deux époux sentirent, mais sentirent on ne peut mieux, le besoin d'éprouver quelque chose.

M. Montbrisac surtout était à la merci de quiconque aurait du naturel. Il ne demandait qu'à secouer la pesanteur de son âme, mais il n'y parvenait pas, quoique M$^{me}$ Montbrisac lui semblât plus belle que jamais.

Émile, courant tout autour d'eux, sautait aux branches abaissées des arbres pour en détacher une feuille, allait d'un pas de fantôme vers un moineau qui barbotait dans le sable, jetait des cailloux en ricochet sur les pièces d'eau ; puis, revenu tout à coup de ses idées d'enfant, il laissait là cailloux, moineaux et branches d'arbres, pour régler son pas sur le pas de son père et de sa mère, son silence sur leur silence, et toute sa petite rêverie sur celle où il les voyait plongés.

Émile était beau, beau comme on l'est avec une âme de dix ans, avec une imagination de dix ans, avec des passions de dix ans. La première chose qu'on voyait en lui, ce n'était ni son joli visage, ni ses exquises proportions, ni la richesse de ses mouvements; on ne saisissait aucun détail. Dans sa gentillesse comme dans son sérieux il y avait de l'homme. On rêvait à l'avenir de cet enfant pour peu qu'on l'eût regardé. Ce qu'il paraissait, il ne l'avait point paru d'abord, il ne le paraissait plus ensuite. Il avait plusieurs existences à la fois; son âge tenait de plusieurs âges. C'était une physionomie vague et prononcée, un de ces types qui ne se révèlent qu'aux artistes, où le repos est plein d'action, où l'âme enveloppe le corps au lieu d'y être ensevelie.

Émile s'ébattait donc près de son père et de sa mère.

De temps à autre il les regardait tout haletant; on eût dit que sa pensée répondait à la leur. Il voyait leur préoccupation : à l'air véritablement mélancolique de sa mère, au maintien ménagé et peu naturel de son père, il voyait bien qu'on ne s'entendait pas encore et qu'on voulait s'entendre.

M<sup>me</sup> Montbrisac suivait les mouvements d'Émile; elle l'invoquait du cœur; elle appelait de toute son âme l'âme de son enfant; puis, se tournant à demi vers M. Montbrisac, elle se présentait telle que l'avait faite ce commerce rapide. Quelque chose lui disait : « Tu es plus belle qu'auparavant; Émile t'a donné un peu de sa pureté martiale; tout ce qu'il reçoit du ciel il te le prête; il ne veut pas que ce soit en pure perte. »

Émile disposait de sa mère; il le savait sans se l'être jamais dit. L'ayant rendue à elle-même, il avait, grâce à la virginité de tout son être, l'instinct de sa supériorité, au lieu d'en avoir l'intelligence. Chaque fois que M$^{me}$ Montbrisac avait une pensée noble, Émile lui apparaissait, près ou loin, comme un bon génie veillant sur son propre ouvrage.

Mais cette intimité si sainte jetait M$^{me}$ Montbrisac dans un autre excès. Échappée aux tentations, elle s'était mise à vivre au delà des sens. De l'avant-dernier degré de la réalité elle avait bondi jusqu'au dernier degré de l'idéal. Elle était beaucoup trop près du ciel.

C'était pitié de voir M. Montbrisac en présence de si belles choses. Il ne savait par où prendre sa femme : tantôt il l'admirait au point de n'oser faire mieux; tantôt il était épris jusqu'à être furieux de son respect. Chez lui tout était douleur, et le raisonnement, et l'émotion, et la parole, et le silence, et le cours du sang, et le jeu des nerfs. Il n'en pouvait plus.

Pendant qu'il avisait à s'élever jusqu'à sa femme, un accident qui n'aurait pas eu de suite un autre jour vint réunir et mélanger ce qu'ils sentaient tous deux et les marier une seconde et première fois.

Émile avait fixé leur attention; il s'en était aperçu, et il faisait de son mieux pour les intéresser. Folâtre d'abord, et puis insensiblement grave, il avait fini par répandre dans ses jeux toute son âme d'enfant. On lui souriait, et il tranchait du jeune homme; on le regardait mélancoliquement, et il était magnifique dans son ardeur; on était ému et transporté, et il grandissait de tout l'orgueil de sa modestie.

Au milieu de ces riens, l'action marchait au dénoûment. Émile venait de faire le tour d'un bassin dessiné très-anguleusement. Il s'amusait à se faire suivre des cygnes, qui connaissaient sa voix et sa main, faisant semblant de leur jeter quelque chose, et se retournant sans cesse pour voir si l'on prenait part à son espièglerie. A chaque nouveau tour il courait plus rapidement, il regardait plus souvent en arrière. Sa course, mathématiquement dirigée sur la ligne anguleuse de l'enceinte, devint périlleuse par la difficulté de

marquer tous ces coudes, et au moment où M. et
M^me Montbrisac, ravis de sa précision et de sa
légèreté, oubliaient comme lui que cela se passait sur le bord d'une pièce d'eau assez profonde,
parsemée de roches artificielles où il pouvait se
noyer ou se briser la tête, Émile glissa sur la
pente du couronnement sans pousser un cri, sans
changer de couleur, les yeux fixés sur son père et
sur sa mère, qui se précipitaient vers lui.

M. Montbrisac entra dans l'eau jusqu'aux
épaules, et retira l'enfant, qui avait déjà perdu
connaissance. M^me Montbrisac ne pleurait pas,
ne parlait pas ; elle contemplait Émile avec ce
regard de mère qui donnerait la vie si la vie ne
venait pas de Dieu.

Comme on était à quelques portées de fusil du
château, il ne fallait pas songer à y chercher du
secours. M. Montbrisac déposa Émile sur le gazon, au soleil, le souleva et le soutint penché pour
lui faire rendre l'eau, et il étancha d'une main
palpitante le sang d'une blessure que l'enfant
s'était faite au front.

C'était pour la première fois qu'il s'occupait de
lui si vivement. Dans ces soins de père, un remords lointain ajoutait à l'énergie de la tendresse. Jamais il n'avait mieux connu son enfant ;
jamais il n'avait compris comme alors tout ce

qu'il avait de séduction. Cette belle tête inclinée par une mort passagère, ces membres mollement dénoués, ce mélange violent d'idées gracieuses, terribles, et qui assaillaient l'âme de M. Montbrisac, donnaient à Émile une puissance aussi haute que nouvelle.

L'enfant reprit ses sens, il quitta ses habits ruisselants et glacés; ses dents claquaient, il tremblait convulsivement, et sa pâleur, admirablement alliée à son regard de l'autre monde, le rendait tellement irrésistible que M. Montbrisac, en le serrant dans ses bras, y mettait moins de compassion que de volupté.

La mère avait vu tranquillement tout cela. Un sentiment plus fort que l'inquiétude, plus religieux que la tendresse maternelle, l'avait rendue incapable d'aider M. Montbrisac. Cette scène, toute présente qu'elle était, se montrait à elle dans une sorte de lointain.

Ce qu'elle regardait c'était moins le corps nu de son enfant, les étreintes passionnées de son mari, que leurs âmes dépouillées et s'enlaçant avec délices. Elle respirait un autre air que celui qui soufflait autour d'elle, son cœur battait d'une émotion qui n'était pas de la terre; elle allait s'entendre avec M. Montbrisac sans explication, sans fin, sans mesure.

En effet, tandis qu'Émile se reconnaissait, se remuait, M. Montbrisac traduisait, par son maintien et ses regards, la vie recommencée de l'enfant. Ce qu'il lui voyait faire il le faisait; il voulait obtenir de lui la permission de se mouvoir, de sourire, de penser; il était Émile plus que ne l'était Émile.

Or Émile s'oubliait à son tour; dès qu'il fut bien sûr d'avoir un père, la surprise fit place à un meilleur sentiment. Ses grands yeux avaient été fascinés et comme détachés de leur propre regard pendant les premières démonstrations de M. Montbrisac; ils se tournèrent ensuite vers sa mère avec une expression dont rien n'égalait la profondeur. Cela voulait dire je ne sais combien de choses. Il y avait la honte de l'avoir oubliée, la conscience de ce qu'il était pour elle; il y avait de l'obéissance, de la protection. En un mot, ce coup d'œil résumait tout Émile.

M. Montbrisac l'imita encore en ceci : il vit sa femme, il la revit; elle embrassa l'enfant et il en revenait quelque chose au père. Émile, caressé par l'un et par l'autre, devenait l'interprète de leurs pensées mutuelles. Ils se le disputaient; sa mère baisait et semblait guérir sa blessure; son père réchauffait ses membres blancs, suaves, délicats comme ceux d'une femme, fermes et nobles dans leurs mouvements comme ceux d'un homme.

Il y eut un moment solennel, un réveil ineffable de tous les sentiments de la nature quand les deux époux se rencontrèrent dans cette pensée. Émile ne faisait plus un geste, ne disait plus un mot, que toutes les artères de M. Montbrisac ne roulassent du feu, que sa respiration ne fût ardente et craintive, que la grâce plus qu'enfantine du fils ne rappelât pour l'embellir la grâce tout à fait virile du père.

M. Montbrisac sentait tour à tour froide et brûlante la main de sa femme. La beauté douce et chaste empreinte dans la beauté forte d'Émile, cette ressemblance que l'âge lui donnait encore avec sa mère, ce souvenir confus d'amour et d'enivrement qui venait poindre dans l'image naturelle de ce qu'ils avaient jamais été, toutes ces choses, longtemps méconnues, éclataient maintenant avec énergie; une nouveauté d'anciens plaisirs, une reprise de la vie, remplaçaient les illusions de l'avenir par celles du passé tout en les confondant.

Cependant Émile était entièrement ravivé, il ne pouvait remettre ses habits ni sa chemise; il fallut lui donner un mouchoir en guise de pagne, et le couvrir du châle de M<sup>me</sup> Montbrisac en attendant mieux.

Les deux époux ne purent s'empêcher de rire voyant l'enfant ainsi accoutré, et dès lors rien ne manqua à leur familiarité. M. Montbrisac disait des choses délicieuses. Il plaisantait, s'attendrissait, puis il n'osait ni plaisanter ni s'attendrir, et cette timidité d'un moment n'était pas de l'embarras. Il ne s'agissait plus pour lui de baisser les yeux, de faire le coupable, et de maudire son amour pour une femme qui ne l'aimait pas; mais de tempérer par la dignité paternelle la folie conjugale, et de multiplier par le délai un bonheur qui n'était plus douteux.

A ces mouvements succédait un peu de rêverie; les deux époux tâchaient de comprendre et ce qu'ils avaient été l'un pour l'autre, et ce qu'ils allaient être. Le passé, c'était un mariage prosaïque, commun, qui les avait enlevés à mille illusions sans en remplacer une seule; l'avenir, ce serait l'amour, l'amour né tout vieux, il est vrai; ce serait pour leurs deux âmes une bénédiction nuptiale plus vraie cent fois que celle qu'avaient reçue leurs corps. Sortis tout à coup d'un abîme profond où ils s'étaient longtemps étourdis sur leur malheur, ils commençaient à se rendre compte de quelque chose; cette région libre et radieuse où ils se sentaient monter les faisait juges de l'étroit et sombre exil où ils avaient vécu. Ce changement arrivait bien tard, mais il arrivait.

Loin de nuire à leurs transports, la présence d'Émile les servait à merveille. Par lui ces émotions devenaient plus saintes sans perdre de leur charme. Honteux de leurs souvenirs, fiers de leurs espérances, les époux aimaient à se suspendre entre ces deux vies si diverses ; avant d'entrer dans l'une, ils voulaient se regarder sortant de l'autre. Tous deux, et tous deux à la fois, passaient de la réserve à l'abandon, de l'abandon à la réserve. Émile, qui était toujours là, représentant M. Montbrisac à sa femme, et M^me Montbrisac à son mari, réveillait ou calmait tout leur cœur. Sa bizarre toilette, à la fois très-innocente et trop nue, cachait assez mal les choses pour être pire que la nudité complète ; et quand l'enfant était le plus découvert, il était alors vêtu par la noble liberté de ses mouvements.

Cependant on approchait du château ; les pas et les voix de plusieurs personnes se faisaient entendre de divers côtés. M. Montbrisac et sa femme ne savaient ce que ce pouvait être ; mais Juliette, qui parut tout à coup devant eux, les mit au courant. Quand Émile était tombé dans le bassin, le cri de sa mère avait été entendu du château ; Juliette, avec cet instinct si prodigieusement perçant, si étonnant, mélangé de passion, qui accompagne dans les femmes une affection quelconque pour ce qui n'est pas de leur sexe, pour un enfant comme pour un vieillard, pour un frère comme pour un amant, Juliette avait compris par inspiration, Juliette s'était révélé à elle-même qu'Émile courait quelque péril. Sur ce, elle avait couru, elle avait fait courir, elle avait révolutionné le corps et l'âme de tous les gens.

Juliette arrivait donc; son trouble était inexprimable; il était sublime. Elle joignait les mains et ne pouvait rien dire. Le léger désordre de sa toilette rehaussait la vérité de sa pâleur; son effroi qui durait encore, sa sécurité qui renaissait déjà, s'exprimaient tous deux par un seul sourire. Pour Juliette, M$^{me}$ Montbrisac n'était pas là, M. Montbrisac non plus; mais Émile, elle le voyait, elle en était bien sûre; il lui était arrivé malheur, mais il vivait évidemment.

Juliette était si imposante qu'une seule et même pensée, bien amère il est vrai, mais bien juste aussi, s'éleva dans l'âme de M. et M$^{me}$ Montbrisac : Juliette était pour Émile un père et une mère. Elle l'avait été; elle avait dû l'être. Le pauvre enfant avait-il pu se passer de l'un ou de l'autre? Il avait toujours été le fils de M$^{me}$ Montbrisac; mais avait-elle toujours été sa mère? Et M. Montbrisac, depuis quand s'avisait-il d'aimer Émile ? Juliette avait donc rempli ce double vide. Et ce qu'elle avait fait, elle le faisait encore, naïvement, complétement, à présent qu'Émile avait retrouvé son père et sa mère. Juliette était la mère d'Émile pour la dernière fois.

Tout ceci se passait impunément. Le père et la mère se regardaient d'un œil humide et soumis ; c'était se dire : elle nous a remplacés tant que nous avons voulu.

Cette douleur avait aussi son éloquence ; une telle résignation était assez nouvelle de leur part pour étonner Juliette, qui commençait à redevenir tout simplement la femme de chambre Juliette.

Cependant Émile avait reçu ses caresses et il y avait répondu, mais sans abandon comme sans contrainte ; ni la grâce impétueuse de Juliette ni ce qu'il y entrait d'autorité n'avaient produit leur effet ordinaire. Il semblait qu'Émile ne la trouvât ni assez femme ni assez homme : plus elle était enivrante, plus il regardait avidement sa mère ; plus elle était majestueuse, plus il était saisi de respect pour son père.

Juliette comprit tout ; et quand elle vit M. et M<sup>me</sup> Montbrisac embrasser Émile avec transport, son pauvre cœur ne sut où il en était. Bientôt pourtant une pensée claire et brûlante vint à y surgir : son adoption tacite avait fait d'Émile son enfant tant qu'Émile n'avait eu ni père ni mère. A présent elle avait à rendre Émile, tout Émile à ses parents, puisqu'ils lui étaient enfin rendus. Elle n'avait donc plus qu'à prendre congé de cet enfant qu'elle perdait, et c'est ce qu'elle fit sans verser une larme. Même cette résolution arrivait tellement à point que M. et M$^{me}$ Montbrisac y étaient déjà préparés.

Ceci est une histoire du monde ; j'ai tâché de saisir quelques-unes de ces mille et une nuances de l'homme riche, oisif et blasé quand il se met à redevenir un homme.

Bagatelle, 1833.

# HISTOIRE DE GERVAIS

L'HISTOIRE de Gervais est une charmante histoire; mais, comme je l'ai lue dans un gros livre riche et rare, peu à notre portée à nous pauvres artistes, je vais vous la raconter à ma manière, sans façon, si je puis, ce qui est difficile terriblement.

Gervais, aveugle et inconsolable, est assis tout le jour à la même place, sur un rocher couvert de mousse, sous le tilleul en fleurs ou chargé de neige; il faut que Gervais vienne s'asseoir chaque jour à cet endroit qu'il chérit.

Pluie ou vent, orage ou doux zéphyr, qu'importe à Gervais? Gervais est fidèle à ce tendre souvenir qui lui reste là dans le cœur, là dans l'âme, là sous les nerfs; car c'est tout ce qui reste à Gervais: l'âme et le cœur. Gervais a perdu la vue!

Plus de paysage pour Gervais, plus d'aurore, plus de soleil couchant, plus de fleuve ondulant qui circule, plus d'étoiles dans le ciel, plus de frais visage qui vous sourit tendrement. Gervais est aveugle ! Heureusement reste à Gervais ce rocher couvert de mousse, ce vieux arbre et le joyeux écho de la montagne, qui répète trois fois le moindre bruit. « Hélène ! Hélène ! » dit le rocher à chaque instant du jour ; Gervais est l'écho du rocher. Pauvre Gervais ! Heureusement qu'à ce sens perdu Gervais a su ajouter un sixième sens, un sixième sens qui marche devant lui, et qui lui parle, et qui lèche ses mains, et qui l'aime ; un sens à lui qui n'est pas un sens, un être entier qui voit pour lui, pour lui seul, qui le guide et qui l'aime par-dessus le marché, qui l'aime comme un frère. Grâce à son chien, Gervais est moins aveugle, moins malheureux, moins seul. Gervais sent la tête de son ami qui se relève quand l'écho dit : « Hélène ! Hélène ! » Bon animal, joli, doux et calme, méchant pour les méchants ; qui ne vit, qui ne marche, qui ne pense que pour Gervais.

Quand ils sont tous deux, lui assis sur son rocher et son chien couché à ses pieds, rêveur, méditant chacun de son côté, vous diriez d'un sommeil commun, d'un rêve qui se partage, d'un bonheur double et simple. Le villageois passe et salue; le chien de Gervais rend le salut le premier, et son maître le rend ensuite pour n'être pas rebelle à la leçon. On plaint Gervais, on flatte le chien de Gervais; on leur apporte à dîner à tous deux, et le soir, quand ils rentrent, ils ont le même feu, le même accueil, le même lit et le même sommeil; seulement le chien de Gervais s'éveille moins souvent que son maître : Gervais est brûlé d'une si profonde blessure dans le cœur!

C'est que Gervais a joué avec l'amour des grands et des riches. Le malheur de Gervais, c'est de n'avoir pas été toujours aveugle. Quand Gervais allait aux champs, jeune enfant, il trouvait une petite fille, enfant comme lui. Les deux enfants allaient ensemble, l'un en rude habit de paysan, l'autre en robe de soie de jeune comtesse; ils couraient, ils riaient, ils se brûlaient au soleil, ils étaient jeunes et fous. Ce qui les unit plus que les fleurs, les nids d'oiseaux et les rayons de miel, ce fut un danger commun.

Un jour ils troublèrent un loup qui dormait; le loup s'éveilla. Les enfants se sauvent. Gervais fait passer Hélène la première; Gervais arrive le dernier, appelant son père. Gervais allait être dévoré quand son père sauva Hélène. Hélène! c'était à cette même place, sur ce même rocher où vous voyez Gervais et son chien. Gervais ne songeait guère à être aimé d'un chien dans ce temps-là.

Depuis l'aventure du loup, Gervais se mit à aimer Hélène sérieusement, en homme. Il n'osa plus l'appeler que « Mademoiselle » Hélène. Il se mit à prendre tous les jours ses habits du dimanche. A peine croit-il que c'est la même petite fille. Jamais il ne lui parla ni du loup, ni du coup de hache de son père. Hélène cependant, vive et folâtre, était toujours avec Gervais, toujours à lui faire je ne sais quelles joyeuses et adorables malices. « Va ici, va là, grimpe à cet arbre, monte à cheval, nage, grimpe, saute, cours, marche à quatre pattes, Gervais. » Gervais obéissait à Hélène comme un esclave n'obéit pas. Cela dura jusqu'à ce qu'Hélène devint grande dame ; elle avait seize ans. Un jour, elle donna rendez-vous à Gervais, rendez-vous au rocher couvert de mousse. Gervais fut le premier au rendez-vous ; il était là debout, l'œil dressé, la poitrine haletante, la bouche ouverte. O douleur! ô pauvre Gervais! Dans cet angle étroit et retiré de la route, il vit passer l'ingrate Hélène, souriante et jolie. La voiture était découverte, elle allait au pas ; Hélène était penchée sur un jeune colonel qui lui pressait la main.

Gervais tomba roide mort : il était tué sur la mousse du rocher.

Il a tant pleuré depuis ! sa vieille mère s'est tant fatiguée à le consoler ! il a tant abusé des caresses tremblantes de cette pauvre femme, qui lui disait : « Gervais ! mon fils Gervais ! pauvre enfant de mon amour ! » Que vous dirai-je ? il a tant pleuré qu'il est devenu aveugle. Depuis qu'il est aveugle, il est mieux ; sa mère le laisse libre de pleurer, elle n'a plus rien à craindre pour ses yeux.

Ingrate Hélène ! non-seulement elle oublia de dire adieu à Gervais, mais elle oublia d'emmener avec elle le chien que Gervais lui avait donné. Le chien revint, et il trouva Gervais pleurant ; il ne le quitta plus. Ils pleurèrent ensemble leur maîtresse absente ; ils reconnurent ensemble les lieux qu'ils avaient parcourus avec elle. Elle cependant, riche et belle, aimée et coquette, femme tout à fait, se livrait à la joie, à l'amour, aux parfums, à l'éclat des soirées parisiennes, sans songer à Gervais ni à son chien.

Charles Nodier la vit un jour au milieu d'un salon resplendissant. Elle dansait, folâtre et vive ; elle était plongée dans cette ivresse nerveuse, si chère aux femmes qui n'aiment pas. Vous connaissez Nodier : c'est un homme d'énergie et de passion, qui déteste un mauvais cœur partout où il se trouve ; Nodier, si bon, si amoureux, si triste, si fou, si savant, si satiriquement bonhomme, il vit Hélène qui dansait!

Et comme il avait vu pleurer Gervais et son chien, lorsqu'il s'approcha d'Hélène, et sans songer qu'il troublait une fête, peut-être même parce qu'il troublait une fête, il cria tout bas à l'oreille d'Hélène : « Qu'as-tu fait de Gervais, Hélène? » Hélène tomba évanouie sous le lustre flamboyant.

Depuis ce temps, Hélène est bien revenue de sa première frayeur ; elle s'est relevée, elle chante, elle danse, elle vit, elle aime, elle est heureuse, elle ne s'évanouit plus pour si peu de chose. Gervais est encore sur son rocher, s'il n'est pas mort.

Il faut entendre raconter cette histoire, que je gâte, par mon ami Charles Nodier.

*L'Artiste*, 1831.

# LE HAUT-DE-CHAUSSES

Le seul endroit de Versailles où l'on puisse s'enivrer décemment, c'est le cabaret des *Deux Cigognes*. Il est vrai qu'il est situé à l'extrémité de la ville, fort éloigné de ce château de tuile rouge et de ces belles allées où se promène M<sup>me</sup> de Montespan; mais c'est un joyeux cabaret. En été, il est protégé par un large tilleul dont les fleurs tombent par intervalles sur les tables de pierre; en hiver, il est chauffé par un poêle aux larges bords, autour duquel se réunissent les mousquetaires et MM. les gardes du corps du roi, plus amoureux de bon vin et de gais propos que de bruit et d'éclat. En un mot, les *Deux Cigognes* n'ont pas d'égal dans le monde, et je vivrais mille ans que je les aurais toujours devant les yeux, oiseaux plus unis que les frères d'Hélène, s'envolant du même vol, flanc contre flanc, à la tête élevée, au bec long, à l'œil malicieusement ouvert; oiseaux hospitaliers dont la queue était cachée par le bouchon du cabaret, qui flottait au moindre vent.

Un jour que ma femme, et vraiment elle était jolie ma femme alors, et ce jour-là elle avait de vastes paniers, de blanches dentelles, un chignon relevé avec des épingles d'or, et un petit pied que M. Fouquet avait daigné remarquer quand ma femme n'avait que douze ans; un jour donc que ma femme avait été présenter, après la messe, un placet à Sa Majesté Louis XIV en personne, relativement aux affaires du régiment de monsieur son père, mon beau-père à moi, feu M. le baron de Saint-Romans, tué en duel sous le cardinal, vis-à-vis Notre-Dame des Champs, j'étais allé attendre le résultat de cette audience au cabaret des *Deux Cigognes*.

J'étais là depuis deux heures environ, aussi heureux que peut l'être un honnête bourgeois qui boit du vin de Mâcon, qui respire un air pur et chaud et qui attend sa femme; j'avais épuisé tous les sujets récréatifs de cette belle ville; j'avais vu passer la maison de Monsieur, vert et or; la maison du grand Condé, toute jaune; puis la Maintenon avec ses deux jeunes élèves, enfants charmants qui promettaient d'être de jolis princes, qui saluaient à droite et à gauche ; puis monseigneur de Louvois, qui venait de commander une belle dragonnade ; j'avais même aperçu M. de Condom avec une grande croix violette sur la poitrine, et M. Despréaux en habit neuf : tout ce bruit, tous ces laquais, toute cette foule en habits brodés. Et que suis-je, moi, pauvre diable, dans ce tumulte? Si bien que l'ennui finit par me prendre. Eh! Messieurs, vous qui allez à la cour, renvoyez-moi ma femme, s'il vous plaît.

Vous savez peut-être ce que fait un homme qui boit tout seul? La machine de Marly n'a pas de mouvement plus régulier : un verre suit un autre verre, un soupir un autre soupir. On est là comme une plante en plein midi : la plante est penchée, elle souffre. Arrive le jardinier qui l'arrose et lui rend quelque vigueur : s'il l'arrose plus longtemps, la plante s'affaisse de nouveau ; mais cette fois elle ne souffre plus, elle succombe sous cette bienheureuse fraîcheur. Je vous prie, au reste, de ne pas vous étonner de cette comparaison poétique; je l'ai entendue sortir de la bouche même du célèbre M. de Bachaumont, un jour que j'eus l'honneur de dîner avec lui.

J'étais donc entre l'être et le non-être de l'ivrognerie, et déjà les premiers arbres de la grande route se mettaient à défiler devant moi avec leurs têtes rondes et poudrées comme des têtes de chambellans. En général, j'aime ce sabbat champêtre : les sapins élancés se mêlent aux chênes revêtus de chèvrefeuille, les ormes habillés de lierre qui semblent vouloir renverser les buis taillés en pyramides, pendant que le saule qui voile un petit lac apparaît en dessous de l'onde ; l'onde est alors comme un clair miroir d'argent... Le sabbat commençait fort bien, quand dans ce miroir d'argent j'aperçus un homme. « Ventrebleu ! corbleu ! sacrebleu ! disait-il (et je vous prie de croire qu'il disait mieux que *ventrebleu!*); garçon ! une veste ! un haut-de-chausses ! Ah ! malheur ! ah ! damnation ! que je souffre ! que je suis meurtri ! Je brûle comme la pucelle Jeanne !... Au secours, garçon ! un haut-de-chausses ! Du diable si je ne vous traite pas comme des Anglais ! Corbleu ! ventrebleu ! sacrebleu ! »

Disant ces mots, l'homme se jeta sur un banc. « Ah ! malheur ! ah ! damnation ! » dit-il en se relevant tout à coup. Puis il tira son sabre, et, déchirant les aiguillettes de son haut-de-chausses, il l'envoya à dix pas de là. Le haut-de-chausses tomba tout roide ; on aurait dit un homme sans tête et sans jambes. Puis il ôta sa veste, qui fut rejoindre le haut-de-chausses. La sueur ruisselait de tout le corps de ce pauvre homme ; ses cuisses et ses bras étaient rouges comme du sang ; son cou était rouge : une écrevisse n'est pas plus rouge en sortant de l'eau bouillante... De sorte que l'homme en question resta en chemise devant moi, dans une espèce d'affaissement satisfait qui lui donnait le plus extraordinaire de tous les airs.

Oh! vraiment, c'était une hardie figure, une peau de visage tannée, un poil rude et roux, les membres d'un Hercule et le cou tors, un véritable brigand. Il avait conservé sur sa tête un chapeau fin orné de belles plumes blanches et d'une cocarde brodée, le chapeau d'un noble officier du roi.

Il s'approcha de moi, il prit un verre de mon vin et il but, il but tout d'un trait ; il prit ensuite la bouteille et il but! Cependant un attroupement assez nombreux se faisait au dehors. Messeigneurs du gobelet et de la bouche, qui revenaient dans de grands fourgons chargés de viandes et de légumes, les femmes du voisinage, tout le faubourg fut bientôt là, à la porte, bouche béante, espérant voir un fou.

Alors il me prit la main, et, sans se soucier de son haut-de-chausses, de son habit et de ses épaulettes d'or, il emporta mon verre et son sabre :

il traversa le salon du rez-de-chaussée sans que personne eût envie de rire, et il me conduisit dans l'arrière-jardin, à une autre table, car dans un cabaret il y a des tables partout.

« Garçon, du vin ! garçon, des habits et du vin ! mais avant tout du vin !... »

Puis il ajouta, en me parlant :

« Vous êtes un brave homme, bonjour ! »

Un garçon se présenta.

« Nous n'avons à vous offrir, Monsieur, que des habits à moi, de pauvres habits de coton très-légers et qui seront peut-être un peu courts. »

Il pensa embrasser le garçon.

« Oui, mon ami, reprit-il, des habits à toi, une culotte légère et fraîche, une veste dont les revers ne montent pas jusqu'aux yeux, et dont les basques n'inquiètent pas mes talons ; un habit comme le tien, voilà ce qu'il me faut... » Et en même temps il passait le pantalon de coutil, il mettait la veste à raies jaunes et vertes, gardant toujours son chapeau à plumes sur son front.

« Voilà une pièce à votre genou gauche qui jure horriblement, lui dis-je en lui montrant la culotte.

— Si Monsieur voulait mettre un tablier tout blanc sur cette pièce, on ne l'apercevrait pas, dit le garçon.

— Non, pas de tablier! A présent, je suis bien. Va chercher mes habits, mon garçon; je te les donne pour les tiens. Prends garde surtout à la doublure, mon ami; elle est en or, la doublure, et tu pourras en acheter un cabaret à toi.

— Une culotte en or, Monsieur?

— Oui, en or, me répondit-il. J'ai voulu une fois dans ma vie être habillé comme un grand seigneur; j'avais imaginé cette doublure pour me distinguer des autres courtisans qui mettent tout leur or en dehors; mais que j'ai souffert! mais que je suis tout en sang! O bienheureuse culotte! »
Et il regardait amoureusement la pièce noire qui se détachait à son genou sur un fond blanc.

Je lui servis à boire comme on sert à boire partout: vous prenez la bouteille et le verre, et vous versez en ayant soin, si vous êtes honnête, que le verre soit rempli jusqu'au bord.

Il me regarda fixement; il avait l'air mécontent. Il vida son verre d'un seul trait.

« Vous ne savez pas verser le vin dans un verre, me dit-il sérieusement. N'êtes-vous donc pas honteux, ajouta-t-il, d'y aller si vite dans une affaire si importante? Remplir un verre est une grande action, sur ma parole, quand on a le temps; mais quand on a une bonne culotte et une bonne veste, il faut prendre ses aises, et vous y allez comme un fils de famille qui vient de dérober sa première bouteille à la cave paternelle. »

Disant ces mots, il se posa d'aplomb sur son banc ; il se plaça vis-à-vis de son verre, le coude appuyé sur la table ; il prit la bouteille de sa pleine main, puis il renversa lentement le petit vin qu'elle contenait. En même temps, un large sourire, un sourire de bonhomme, un sourire de buveur, laissait entrevoir dans sa bouche deux larges rangées de dents blanches et bien faites, pendant que son œil de feu suivait dans le verre la liqueur.

« Entendez-vous ce son léger, disait-il, cette imperceptible musique aussi douce que le son du canon ? Tin ! tin ! tin !... Le son vibre dans le cœur, le vin est plus souriant, l'écume plus blanche... Tin ! tin ! Mon Dieu, la bonne culotte ! Mon Dieu, mon cher ami, que je suis heureux ! »

Puis il vidait son verre ; puis il reprenait :

« C'est une découverte que j'ai faite dans mes voyages, une grande découverte. Quand le temps est calme et que le vaisseau file ses dix nœuds, je m'amuse souvent à interroger ma bouteille, ma harpe éolienne, mon téorbe, mon clavecin, mon violon, ma viole, tout mon orchestre, mon orchestre, ma fanfare ; mon ami, mon bon ami !... Pardieu ! la bonne culotte que j'ai là ! »

Il s'interrompait pour s'asseoir plus à l'aise, puis il reprenait sur le même ton :

« Par ce moyen, par le son, par l'odorat, je devine quel vin je me verse. Le bourgogne rend un son sonore et grave comme une voix de chanteur telle qu'en avait M. le Cardinal ; le bordeaux a la voix de la première jeune fille que vous rencontrez quand vous êtes resté deux ans à votre bord, et que vous trouvez le soir, au coin d'une rue de comédie, marchant légèrement et fredonnant un air nouveau ; le vin de Champagne frémit et crie, et se démène comme une passion de tragédie qui hurle des vers de douze pieds. Ne me parlez pas du vin des îles, muet comme un empoisonneur : j'aime le vin qui parle. Sur mon honneur et sur ma cocarde, croyez-moi... Ah ! la bonne cotonnade, et le frais habit que voilà ! »

J'admirais, j'écoutais, j'étais transporté ; je ne pensais plus à ma femme ni à son régiment ; j'étais seulement honteux de mon silence vis-à-vis un si bon et agréable parleur. Je lui fis donc une question pour être moins honteux.

« Et, à votre sens, Monsieur, quel langage trouvez-vous au punch ?

— Oh ! pour le punch... (en même temps il portait sa main à ses lèvres... pour le punch !... » Il se pencha à mon oreille, me passa le bras au-dessus du cou ; il me fit pencher la tête jusque sur la table, et, s'étant bien emparé de mon oreille, il murmura ces solennelles paroles :

« Pour le punch, aussi vrai que je suis un loyal marin et que j'ai reçu le baptême sous la ligne, j'aime le punch comme j'aime l'odeur de la poudre. Le punch est un poëme à faire, plus difficile que tous ceux de M$^{lle}$ Scudéri ; le punch est un enfant qu'on met au monde, un cœur de femme qu'on fait battre ; c'est une âme légère qui folâtre et qui se joue comme une fée ; le punch est le produit des deux mondes, le lien des deux mondes. J'aime à le faire quand j'ai le temps... » Puis il ajoutait : « Mon Dieu, la bonne culotte et la bonne veste ! Que je suis heureux, mon Dieu ! »

Puis il reprenait : « Cet esprit de feu est rempli de courage ; mes marins et moi nous en avions bu, avec de la poudre, un certain jour que nous allions couler bas, et qu'en échange d'une méchante barque, nous donnâmes au roi de France un galion d'Espagne chargé des trésors de l'Amérique, de l'or, des piastres, des diamants, de la cannelle, du rhum. Vive le punch ! »

Il se versa un verre lentement, selon sa méthode, et, après s'être assuré de la qualité de son vin par le bruit de son verre :

« J'oubliais de vous dire que dans la cargaison

il y avait encore du sucre et du café, un café parfumé qui vous monte au front comme une couronne et qui vous fait découvrir une voile à sept lieues en mer! Hourra! hourra! mes braves, aux voiles! pointez! silence! virez de bord! jetez le pont! montrez-vous! — Encore un de pris! Vive le roi! »

Et il agitait son chapeau en l'air, et il était rayonnant, et c'était plaisir de voir ce brave marin se promenant de long en large, dans le jardin du cabaret, en veste et en culotte de nankin. Je criai comme lui : « Vive le roi! »

Après un instant d'enthousiasme guerrier, le digne homme vint se rasseoir auprès de moi. « Quel grand roi! mais aussi quel ennui dans son palais! » Il fronça les sourcils, et il reprit : « Buvons! »

Je m'aperçus alors que sa main gauche était saignante et déchirée.

« Qu'avez-vous donc là, lui demandai-je en souriant; une petite main a déchiré la vôtre! O le mauvais coup! Les jolies femmes de Paris n'en font pas d'autres depuis longtemps!

— Ce n'est pas une jolie femme, Monsieur, qui m'a égratigné de cette sorte; c'est le chat du roi. C'est un beau chat, gros et tout blanc, au collier d'or. Ce chat se promène gravement dans l'antichambre ; j'aperçois le ministre qui le salue, et le confesseur qui le salue, et chacun qui lui fait place. Je n'avais rien à faire, j'attendais ; je m'approche du chat : *Minet ! Minet ! viens, Minet !...* On s'étonnait de mon audace... *Minet ! Minet, ici !* Et Minet faisait le gros dos, et je me baisse pour le caresser, et, niais que je suis ! je veux passer la main sur la fourrure de Minet. Tout à coup voilà Minet qui jure et qui s'emporte, et qui me donne un violent coup de griffe, et qui entre chez le roi, avant moi, pour le prévenir contre moi.

« Sacredié ! m'écriai-je, vaincu par la douleur.

« Un huissier s'approche de moi : « On ne « jure pas chez le roi, » me dit-il.

« J'allai m'asseoir dans un coin. Le même huissier revint près de moi : « On ne s'assied pas « chez le roi ! »

« Je me levai, et, pour mieux vaincre ma colère, je me mis à siffler un air de mon pays. Tout mon vaisseau tremble quand je siffle cet air ; les matelots sont à leur poste, le pilote à son gouvernail, les canonniers à leurs canons. Quand je siffle cet air, c'est comme une tempête en pleine nuit.

« Je sifflais donc cet air, quand le même huissier vint à moi, et, avec le même sang-froid : « On ne siffle pas chez le roi ! »

« Cet huissier me poursuivait toujours...

« Je voulus voir si au moins je pourrais fumer. Je tirai donc ma pipe, je la remplis de tabac. L'huissier me laissait faire, et je pensais que du moins, à la Cour, la fumée était permise... « On « ne fume pas chez le roi ! » me dit l'huissier.

« J'ai brisé ma pipe de dépit. Me traiter ainsi, moi, serviteur du roi ! m'empêcher de fumer, et de jurer, et de siffler, et de faire chez le roi tout ce que j'ai appris à faire au service du roi ! Je l'ai dit au roi, qui m'a promis de donner des ordres à son huissier quand je reviendrai. »

Ainsi il parla. Il était si heureux de sa culotte de nankin !

La conversation de cet homme m'intéressait au dernier point. Rapporter tout ce qu'il me raconta m'est impossible.

Je n'ai jamais passé d'heure de bonheur plus courte et mieux remplie ; j'en oubliai ma femme et son régiment, même son régiment !

D'ailleurs, je retrouvai ma femme le soir à Paris, qui me gronda plus doucement que je ne m'y étais attendu.

Quant à notre buveur, il s'appelait Jean Bart.

# L'ÉCHELLE

Vous ne sauriez croire, me dit-il, tout ce qu'il y a de charme et d'innocence dans un bain de femmes turques : ignorant comme vous l'êtes, vous avez tort d'en parler si légèrement. »

A ces mots, le vieux général reprit sa pipe ; il s'enfonça dans son fauteuil, il croisa les jambes, et il retomba dans cette rêverie tout éveillée qui fait le charme du tabac de la Havane, cet opium bâtard de nous autres orientaux de Paris ou de Saint-Cloud.

La conversation finit là. Je me levai ; — à l'autre extrémité du salon, je fus saluer la fille du général, Fanny, jolie personne, rieuse et folle, qui, sous ce masque de fumée, paraissait aussi nette et aussi brillante qu'une belle gravure de

Wilkie sous un verre sans défaut, qui lui donne plus de poli et d'éclat.

C'est un charmant contraste que celui-là ; le vieillard qui se fait poëte dans une ondoyante fumée ; une jeune fille qui respire et qui chante dans la fumée. Vous la voyez comme une apparition au delà des sens : à peine vous distinguez son visage, elle n'a plus d'ombre ni de souffle ; c'est une femme qui s'est trompée d'élément. Mais j'étais trop accoutumé à voir Fanny avec son père pour faire toutes ces belles réflexions ce soir-là.

Je fus donc m'asseoir près de Fanny, bien plus près d'elle que je n'aurais osé le faire sans la fumée qui comblait les distances : cette atmosphère ondoyante est si favorable à l'amour ! — Il y a des moments où vous êtes seul entre deux montagnes de nuages ; alors vous rêvez à l'avenir. Puis, le nuage s'entr'ouvre, et vous voilà au sommet de ces Alpes fantastiques, à côté de Fanny, enveloppé du même voile, isolé avec elle du monde extérieur, voyant à vos pieds les mêmes orages, écoutant le même calme sur vos têtes. Alors Fanny sourit avec plus d'abandon, vous la regardez avec plus d'audace. Tout à coup, plus de nuage, plus de rempart mouvant, plus de forme aérienne : vous voilà retombé dans le salon enfumé, au milieu des guerriers de l'Empire qui décorent la muraille; vous entendez sonner dix heures, heure terrestre, qui renvoie dans leur empire toutes ces ombres bienfaisantes. C'est à peine si vous avez le temps de reculer votre siége de celui de Fanny.

« Votre pipe est-elle déjà vide, général? »

Le général avait sa tête penchée; ses narines étaient ouvertes dans une béate attitude de recueillement et de plaisir; sa grosse pipe toute noircie reposait à terre à côté de son chien. A voir cette large machine entourée encore de légères vapeurs, on l'eût prise pour l'Etna, quand il se repose, fatigué de jeter sa lave et sa fumée.

Deux minutes après, le général répondit à ma question:

« C'est assez fumer pour ce soir, Jules; je ne suis plus ce que j'étais: j'ai vu le temps, mon ami, où je serais resté trois nuits et trois jours à jeter en l'air plus de fumée que n'en pourrait faire, en un an, tout un corps de garde de soldats citoyens. C'étaient de grands et vifs plaisirs! Tout nous manquait, l'habit sur notre corps, la chaussure à nos pieds, le pain et le vin et le calme de la nuit; mais le tabac nous soutenait. Le tabac! beau rêve! Il y avait à l'armée d'Égypte des hommes qui avaient le cœur de faire des vers français devant les Pyramides. Un d'entre eux a osé faire un poëme épique au milieu du désert. J'ai fumé aux Pyramides, j'ai fumé partout et toujours. La première fois que je vis ta mère, ma Fanny, elle recula de trois pas! Moi, j'avais les lèvres enflées à force d'avoir pensé à ta mère. Elle était si douce et si jolie! Elle aimait avec transport les fleurs, les odeurs suaves, le linge brodé et odorant! Son œil était si pur, sa joue si blanche! Eh bien! ma fille, je l'avais apprivoisée, ta mère. Que de fois elle a posé sa lèvre si mince et si fraîche sur mes lèvres enflées par le tabac! que de fois elle a chargé ma pipe de sa main! Tu as vu le cerf de Franconi, ma fille? Quand le cerf avait tiré son coup de fusil, il respirait l'odeur de la poudre : ainsi était ta mère. J'allais à elle, je lui tendais ma pipe en faisant les gros yeux. Ta mère arrivait à petits pas, elle tendait son joli nez sur ma pipe, chaude encore; puis elle se sauvait en éternuant, la peureuse! Rentrée chez elle, elle déroulait ses cheveux, elle changeait de robe et de mouchoir, et Dieu sait toute l'eau de Portugal qui y passait! »

Disant ces mots, l'œil du bon général était légèrement humide. Vous avez vu cela souvent : une larme qui roule dans un œil vif encore, et qui reste suspendue à de gros cils; puis une joue qui se colore, honteuse de se sentir humide! Fanny, entendant parler de sa mère, jeta ses deux bras au cou de son père; elle appuya sa tête blonde sur la poitrine du vieillard. Ce fut alors seulement que cette larme, après avoir roulé sur le visage du général, rejaillit sur le visage de sa jolie enfant. Le bon père se sentit soulagé.

« Bonsoir, dit-il, bonsoir, ma fille; bonsoir, mon bon garçon. Voilà une femme, Jules! me dit-il; une femme douce, blanche, parfumée comme sa mère, et ne craignant pas plus le tabac et la fumée que moi, son père. Aussi je l'ai élevée pour cela, mon enfant! mon enfant à moi! ma vie! mon plus beau morceau d'ambre, orné d'or et de diamants! Quand elle vint au monde et que sa mère me la donna d'une main tremblante et émue, il y avait huit nuits et huit jours que je n'avais fumé; j'étais défait et livide! J'avais prié le bon Dieu, tremblant comme un moine espagnol qui abjure! Quand j'eus mon enfant, je repris ma pipe. Je plaçai mon enfant au berceau, moi tout seul. Nous étions en Espagne alors : beau pays! J'envoyai chercher une nourrice andalouse, une nourrice comme pour un empereur. Elle arriva, la nourrice; grosse mère rebondie, œil noir, cheveux noirs, visage noir, mais tout le reste très-blanc. Je la vois encore, mon Andalouse; elle tenait à la bouche un long *cigaretto* que lui avait donné quelque muletier en passant sur la route. « Tenez,

Maria ! prenez cet enfant et élevez-le. Bien ! nourrice, garde ton cigare ; je n'ai pas peur de la fumée, ni ma femme non plus. » Et ma fille se jeta sur le sein de la nourrice ; comme je m'approchai pour voir boire mon enfant, la nourrice l'enveloppa dans un nuage ; moi, je me fis apporter ma pipe, et je ne quittai plus la nourrice. Je fumai avec elle aussi bien que j'aurais fumé avec un capitaine de dragons ; aussi vous comprenez quel plaisir c'est pour moi de savoir que ma fille aime son père et les plaisirs de son père : c'est un bonheur de pouvoir entrer partout chez soi sans avoir à redouter certaines limites. Aussi bien je te promets un mari qui saura fumer comme ton père, mon enfant. C'est le moyen de n'avoir ni un débauché, ni un joueur, ni un faiseur d'esprit, ni un moqueur, ni un oisif ; mais un brave homme qui aime sa maison, sa femme, son feu, et qui soit poëte pour lui tout seul. C'est moi qui te le promets, Fanny, tu n'épouseras jamais qu'un fumeur. »

J'avais pris machinalement la pipe du général, et, l'entendant parler avec tant de véhémence, j'avais approché le tuyau de ma bouche et j'étais placé dans l'attitude d'un homme qui médite ou qui fume, quand le général, me regardant avec la plus profonde pitié : « Pauvre espèce ! dit-il,

quelle triste génération que celle-là! Allez donc
en Égypte ou prenez Moscou avec des gaillards de
ce calibre! A ton âge, morbleu! Jules, j'étais un
homme de fer : les femmes, le froid, le chaud, la
bataille, le sommeil, le plaisir, rien n'y faisait; je
n'aurais pas reculé d'un pas devant un excès, quel
qu'il fût. C'est qu'alors nous avions des âmes d'une
haute trempe. Vous autres, tout au rebours, vous
êtes une race molle et blafarde, pitoyable à voir.
C'est une grande misère de voir ces jambes grêles,
ces mains mignonnes, ces poitrines rétrécies, ces
visages pâles, ces cheveux bouclés, cette barbe qui
serpente au hasard, ces voix flûtées, et de dire que
tout cela s'appelle un homme! Un homme, morbleu! Un homme aujourd'hui, sais-tu ce que
c'est, Jules? C'est quelque chose qui sait le latin,
qui lit des journaux, qui déclame des vers, qui se
lève à huit heures, qui se couche à onze, qui boit
de l'eau et fume des cigares en papier. Vos hommes,
à vous, portent des gants jaunes; ils ont des habits
étroits, ils affectent de montrer leurs dents et
leurs gencives, ils ont un lorgnon à leur cou
parce qu'ils n'y voient pas, ils parlent beaucoup
et toujours; surtout ils parlent de préférence
des choses qu'ils ignorent et des pays qu'ils n'ont
pas vus : de l'Espagne, de l'Alhambra, de l'Orient,
où ils ne sont jamais allés, et des bains turcs, dont

ils n'auraient aucune espèce d'idée, même quand ils seraient allés en Orient.

— Général, lui dis-je, vous revenez aux bains turcs par un long détour; il serait plus charitable de me dire tout de suite l'histoire que vous avez envie de me conter à ce sujet.

— Laissez ma pipe! laissez ma pipe, Monsieur! me cria le général sans répondre à ma réponse. Veux-tu bien laisser ma pipe! Toute muette qu'elle est, toute vide que vous la voyez, il y a encore assez de feu dans ses cendres, assez d'âme en ce corps éteint, pour vous jeter ivre-mort sur ce tapis jusqu'à demain! — Et à présent, bonsoir, mon enfant! bonsoir, ma fille! » Et il embrassa la jeune fille qui se retira en me disant, à moi aussi : *Bonsoir!*

Le général la suivit des yeux; je la suivis des yeux; la porte du salon se referma, et je croyais la voir encore, la charmante apparition. Quand il fut dit que nous ne la reverrions plus que le lendemain, nous fûmes d'une grande tristesse, son père et moi. Il se rejeta dans son fauteuil de très-mauvaise humeur, et moi, regardant la pendule, tout à l'heure si rapide, si lente à présent, je pensai, avec un soupir, qu'il fallait que cette aiguille fît le tour du cadran avant de vous revoir, Fanny! Il y eut entre le général et moi un silence qui dura plus d'un quart d'heure. Pendant tout ce quart d'heure, le vieillard et moi, muets tous deux, nous eûmes une de ces longues conversations qui viennent du cœur, si pleines de choses, et de tendresse et de serments d'amitié; une conversation du sixième sens entre un vieillard indulgent et un jeune homme honnête qui se donnent, sans le savoir, celui-ci un second père, celui-là un fils de plus. C'est ainsi que, peu à peu, nous fûmes consolés, pensant tous les deux au lendemain.

Quand nous eûmes bien épanché notre cœur dans ce silence, et quand tous nos secrets intimes, de lui à moi, de moi à lui, furent épuisés, nous retrouvâmes la parole, lui et moi, et la conversation reprit son cours.

« Fais le thé, me dit-il; charge ma pipe, ranime le feu, et buvons du thé, puisque aussi bien, pauvre jeune homme, le rhum vous monte au cerveau comme le tabac. Trop heureux encore si Monsieur peut dormir quand il aura deux ou trois tasses de thé dans le cerveau ! »

Il se prit à sourire. J'approchai le thé, je découvris la théière, je chargeai la pipe; le tabac et le thé jetèrent leur arome. Le général se retourna pour regarder le portrait de sa fille; puis, de sa fille, son regard se porta sur moi, sur le thé, sur sa pipe : il avait, dans cet instant, toute la physionomie d'un homme heureux.

« Quand je suis avec toi, me dit-il, une chose me chagrine et me gêne étrangement ; je suis mal à l'aise avec vous autres, jeunes gens d'une époque correcte et stupide. Vous n'avez pas assez de vices pour un vieux comme moi : je n'ose pas parler plus librement devant vous que je parlerais devant ma fille ; j'aurais peur de vous faire rougir. Enfants ! vous n'avez pas vu le Directoire ! Vous n'avez pas assisté à ce moment de plaisirs solennels, quand toute la France, délivrée de l'échafaud, se ruait dans le vice et dans l'amour comme un écolier échappé à la verge du pédagogue. C'était là une fameuse époque pour sentir la vie : les guerres d'Italie, le général Bonaparte et l'Égypte marchèrent à ce réveil délirant. J'eus le bonheur de faire partie de l'Europe active ; je fus soldat à la suite du grand homme, et quant aux voluptés et aux délicieux scandales du Directoire, je ne fis que les entrevoir. Cependant je m'en souviens encore quelquefois, je m'en souviendrai toujours. Ce vice furibond qui déborda en France m'a frappé au visage, ne pouvant me frapper au cœur. Ce vice-là cependant m'a laissé sa chaude empreinte ; je la sens encore quelquefois comme on respire l'haleine d'une femme ivre de vin de Chypre. Et voilà pourquoi, quand je suis seul avec toi, et quand ma fille dort enfermée dans ses rideaux blancs, j'aime à parler de tout cela avec toi, mon enfant.

— Général, répondis-je, il me semble que vous calomniez bien fort la génération présente. Tant s'en faut qu'elle soit aussi chaste et aussi pure que vous l'imaginez. Ce qui lui manque, voyez-vous, ce n'est pas le vice, ce sont des âmes capables d'en porter les atteintes, c'est une poitrine comme la vôtre, ce sont des nerfs comme les vôtres : le vice a changé de place chez nous; il s'est porté à la tête, et, honteux de n'être bon à rien, il s'est mis à dormir; il ronfle à présent, il sera mort demain d'ennui. Voilà tout ce qui fait notre vertu, général; mais, de grâce, ne le dites à personne, et surtout n'en parlez pas à votre chère enfant, l'enfant qui dort! Et à présent, général, à présent qu'il est onze heures, que votre pipe est brillante comme une étoile, que le thé est versé pour nous deux, si vous me racontiez votre scène dans les bains des femmes turques? Faisons cette débauche, cette nuit, tous les deux et tout seuls. Le voulez-vous?

— Oh! reprit-il, ceci est une belle histoire : je vais te la raconter, puisque tu le veux, mon ami; aussi bien, depuis sept heures du soir, j'en meurs d'envie. Je suis fatigué de vous entendre parler de l'Orient comme vous faites; je suis las de vos vers, las de vos descriptions, las de vos contes, las de vos grands livres à gravures sur l'Égypte, moi qui ai vu et touché l'Égypte!... »

Et il aspira le tabac à deux ou trois reprises; le nuage haletant s'amoncela autour de nous. A la fin, il commença brusquement ce récit si long-temps attendu :

« J'étais à bord de l'*Orient* avec le général Bonaparte; nous allions en Égypte lui et moi, lui général, moi soldat. Nous sommes entrés à Malte ensemble; nous avons débarqué ensemble dans la même chaloupe, suspendus à la même corde, sur le rivage. Il me tendit la main, à moi soldat. Il a tendu ainsi sa main à dix armées; puis nous avons pris tous les deux l'Alexandrie d'Alexandre. Il fallut aller au Caire, traverser le désert et les Arabes. Point de verdure, point d'eau, des puits comblés, et le mirage qui faisait de tous ces sables comme autant de lacs argentés sous un ciel de France! C'était beaucoup souffrir, n'est-ce pas? Puis nous passâmes devant les Pyramides. Tout seul, Desaix passa sans lever son chapeau; puis moi, à l'avant-garde, j'entrai au Caire, moi le premier. A le voir pour la première fois, c'était beau, le Caire! Nous avions eu tant de chagrins,

de malheurs et de peines pour arriver à cette ville!
nous avions eu soif si cruellement et si souvent!
Je dis à quelques-uns de nos compagnons :
« Mettons-nous quelque peu sur une hauteur
« pour nous reposer et voir entrer le général en
« chef. »

« Justement, à l'entrée de la ville, il y avait un
petit bâtiment tout noir. Au sommet de la maison,
sur le toit, s'étendait une terrasse fort commode
qu'abritait la muraille d'un palais. C'est là, sur
cette terrasse, que nous fûmes nous placer, mes
amis et moi. Il y avait six jours que nous n'avions
été à l'ombre, six jours que nous n'avions eu un
moment de repos. Que cette halte était belle :
nous cinq sur un des toits de la ville conquise!
nous cinq brunis par le soleil, haletants et curieux!

« Et déjà l'armée française qui se fait entendre!
Déjà les premiers pas des soldats républicains, et
le pas du général, qui battait plus haut à lui seul
que tous les autres réunis; déjà le tambour et la
trompette, le coq gaulois aux ailes déployées qui
nage dans les trois couleurs, l'arc-en-ciel triomphal! Que nous étions bien alors! Nous vîmes
entrer tous ces travaux, tous ces dangers, tous ces
Français, tout ce général; il nous semblait, du
haut de ce toit, que nous nous voyions passer. En

présence de cette gloire, nous nous levâmes, pénétrés de respect; et, comme nous avions oublié d'être chrétiens, nous criâmes comme les musulmans, comme eux éblouis d'admiration : *Dieu est grand!*

« Il y a des heures où la religion est un besoin. C'était la première fois, depuis mon départ, que je m'avisais de croire en Dieu!

« Au moment où nous nous levions tous les cinq, battant des pieds et des mains et criant : *Dieu est grand!* le toit fragile sur lequel nous étions vient à faiblir; nous le sentîmes s'enfoncer mollement sous le faix. Alors, étonnés, surpris, et ne sachant pas ce que nous devions craindre, nous nous sentîmes descendre au milieu d'une vapeur odorante, chaude vapeur pleine de volupté et de repos : un instant nous nous crûmes descendus au paradis de Mahomet.

« Vous autres de la génération nouvelle, si vous aviez cette histoire à raconter, vous seriez une heure à décrire ce bain turc, à examiner ces femmes turques presque nues; vous diriez la blancheur de leur peau, la beauté de leurs lèvres, la petitesse de leurs pieds, la finesse de leur taille, la couleur de leur prunelle et la longueur de leurs cheveux, éternels descripteurs que vous êtes ! Malheur à la description ! elle a tué tout l'intérêt du récit et du voyage. La description, c'est votre maladie à vous, c'est votre analyse, une fausse analyse, vous ne sentez rien en bloc. Vous les verriez une à une, vous n'en verriez qu'une seule, détruisant ainsi tout l'effet de cet accident heureux.

« Nous, au contraire, nous étions cinq au milieu de vingt femmes effrayées ; cinq Français dont un Corse, qui devenait plus Français chaque jour à mesure que Bonaparte gagnait une victoire ; tous les cinq tombés au milieu de vingt baigneuses. Oh ! quel bonheur d'échapper un instant au bruit, au soleil, à la poussière, à la gloire de la ville ! Quel bonheur de voir enfin l'Orient dans ce qu'il a d'intime et de parfumé ! Quel bonheur de retrouver au Caire les voluptés trop souvent regrettées du Directoire ! Aucun de nous ne se mit à réfléchir ni à décrire. Notre premier soin fut de rassurer du geste et du regard ces vingt femmes immobiles et muettes. Bientôt nous fûmes à l'aise comme dans un salon français tout rempli de femmes habillées à la grecque. Ce lieu était silencieux, caché, tout rempli d'une molle vapeur. L'eau froide et l'eau chaude coulaient au milieu, et les mains grêles des baigneuses jetaient cette eau sur leurs beaux corps ; chacune d'elles se jouait avec le miroir transparent. Puis c'étaient de petits cris de joie, puis des cris de peur, puis des mouvements de curiosité haletante, puis des rivalités charmantes. Elles étaient là, ces vingt femmes, des voisines, des amies, des femmes de hauts seigneurs, qui avaient quitté le harem pour le bain ; elles étaient dans leur moment de liberté, espérant beaucoup de la guerre et de la conquête, n'ayant aucune peur des Français et répétant avec beaucoup de charme le nom de Bonaparte, qu'elles savaient, elles aussi. Le nom de Bonaparte était déjà un nom si grand que les eunuques et les *muets* eux-mêmes l'auraient tous répété au besoin.

« Alors nous fîmes, nous aussi, nos ablutions au bord du ruisseau d'eau tiède. Nos compagnes, en riant, nous couvrirent d'essence de roses ; elles démêlèrent nos cheveux, elles blanchirent nos visages, elles nous offrirent le sorbet dans des coupes de cristal. Elles murmuraient doucement à nos oreilles ; elles s'étonnaient de nous voir si polis et si doux, leur souriant avec amour, et leur baisant respectueusement les mains, nous, des hommes qui avions l'air plus guerriers que leurs maris.

« Cependant, au dehors, nous entendions retentir les tambours français, et nous vidions nos coupes à la santé de nos frères d'armes, moins heureux que nous.

« Je n'ai jamais été plus content de ma vie. J'ai été, en Espagne, hébergé dans des couvents de moines tout ruisselants de malaga et de porto ; je suis descendu en Italie au milieu de la vapeur des roses, après avoir traversé les Alpes chargées de neiges ; en revenant de Moscou, mort de froid et de faim, tout nu, tout blessé, j'ai été accueilli par une comtesse polonaise de dix-huit ans, qui me mit dans son lit de batiste et de velours, et me traita comme elle eût traité son propre fils, la pauvre femme ! Eh bien, jamais, dans cette extrême joie qui succède à l'extrême douleur, dans cette extrême abondance qui remplace l'extrême disette, je n'ai éprouvé ce que j'ai éprouvé dans mon bain du Caire ! Au milieu de mon sérail à moi, sultan à trois chevrons, au milieu de mes femmes émues, témoin de leur coquetterie, de leur passion, de leur amour, de leur abandon si complet, de leur gracieuse obéissance à l'heure présente, il me semblait que je prenais ma revanche de toutes mes fatigues, ma revanche de toutes mes privations depuis que j'avais quitté cette France où je m'amusais tant. Moi enfin, j'avais trouvé le premier cet Orient voluptueux après lequel nous courions tous ; je les avais trouvées ces saintes houris qui nous agitaient dans nos rêves sous les tentes du camp ; le premier j'avais mis vraiment le pied sur cette étrange terre qui fuyait nos avides embrassements. Tous les cinq, nous étions plus réellement vainqueurs du Caire que ne l'étaient Bonaparte et le reste de l'armée. C'était encore plus une affaire de gloire et de vanité que ce n'était une affaire d'amour, mon ami : voilà pourquoi je te rappelle tout cela en détail.

« Quand les femmes turques sont au bain, personne n'a le droit de les troubler, pas même leurs maris. Elles restèrent longtemps au bain ce jour-là. Mais enfin il fallut se séparer. Pour leur dire adieu, nous leur donnâmes à toutes un nom : Adieu, Louise ! adieu, Victoire ! adieu, Fanchette ! adieu, Marion ! adieu, toutes ! adieu, les belles ! adieu, les houris ! adieu, mes amours ! adieu, *Fanny !* Quand je dis Fanny, je me trompe : c'est le nom de ma fille ; c'est un nom que je ne donnerais pas, pour le bâton d'un maréchal, à la femme légitime du Grand Turc ; mais adieu, Clarisse ! Agathe, adieu ! adieu, Zoé ! Nous réunîmes en bloc tous les noms de nos premières amours, et ces noms de Paris, ces noms de nos soirées de bal et d'Opéra, ces noms de nos théâtres ouverts de nouveau, ces noms de nos couvents détruits, ces noms français, ces noms en robes grecques et romaines, aux pieds nus et chargés de diamants, nous les fîmes retentir dans ce bain, qui les prit pour les noms les plus voluptueux de l'Orient. Nos adieux furent longs. Quels sourires! que de larmes! que de belles mains tendues vers nous! Nous avions hâte de partir; déjà battait la retraite du soir; déjà les sons de la diane nous rappelaient à la garde du camp.

« Mais hélas! hélas! comment sortir? Le toit est enlevé, la muraille est glissante. Il était si facile de se laisser glisser sur l'humide mosaïque; mais comment remonter? A la porte, veillent les esclaves; à la porte, si l'on nous voit, nous entendrons des cris féroces, nous aurons désobéi au général; nous exciterons une révolte dans la ville soumise à peine; le musulman jaloux invoquera Allah!... nous serons fusillés sur l'heure. Voilà ce que nous disions entre nous, mais tout cela en riant, en plaisantant, en vrais soldats, en disant adieu à nos compagnes, en épuisant les dernières gouttes de nos coupes.

« Albert, qui était déjà caporal, tira gravement de sa poche la proclamation du général, et, imposant silence à nos derniers baisers, il se mit à lire solennellement de la proclamation militaire tous les passages qui pouvaient nous concerner!

« Soldats,

« Les peuples chez lesquels nous allons entrer
« traitent les femmes différemment que nous;
« mais, dans tous les pays, celui qui *outrage* une
« femme est un monstre.

« Article 1ᵉʳ. Tout individu de l'armée qui aura
« *outragé* une femme sera fusillé.

« Signé : BONAPARTE,
« Membre de l'Institut national. »


« Disant cela, Albert embrassait une grosse Géorgienne aux yeux noirs.

« Rufo, qui était Corse et fanfaron : « Bah ! « dit-il, le général est mon cousin, et il ne vou-« dra pas nous chagriner pour si peu. » Tous les Corses voulaient être déjà les cousins de Bonaparte.

« Eugène, qui était des bords du Rhône, quand le Rhône est au midi, avait été clerc de procureur dans l'étude de sa mère, car dans ce temps-là les gens de loi étaient rares, se mit à rassurer Philippe, qui tremblait de tous ses membres.

« Lis cette loi avec soin, Philippe, interprète-« la, ne t'attache pas à la lettre, et tu n'auras pas « peur.

« Sera fusillé celui qui aura outragé une

« femme. Or, nous n'avons outragé personne ici,
« Mesdames. » Et alors Albert jetait sur elles ses
yeux bleus; et les pauvres femmes, avec leurs
yeux humides, avaient l'air de nous répondre :
« Vous ne nous avez pas outragées, monsieur
« Albert; ni vous non plus, monsieur Rufo; ni
« vous non plus, monsieur Philippe; ni vous
« non plus, monsieur Eugène. » Quant à moi,
j'avais peine à me dégager d'une pauvre jeune
fille qui me tenait embrassé de ses deux bras :
« Je ne t'ai pas outragée, n'est-ce pas, Elvire ? »

« Dans ce temps-là, il y avait à Paris beaucoup
de femmes qui s'appelaient Elvire, je ne sais pas
quels noms elles portent aujourd'hui.

« Et puis nous avons toujours Rufo, le cou-
« sin germain du général, qui nous empêchera
« d'être fusillés, mon bon Philippe. » Philippe
tremblait toujours de tous ses membres, malgré la
sage interprétation de la loi.

« La position devenait critique, et nous étions
perdus en effet si l'une de ces femmes, la plus
épaisse de toutes, la grosse et bonne Géorgienne,
ne se fût avisée d'un stratagème auquel nous
n'aurions pas pensé. Au moment où la pâleur
commençait à envahir tous les visages, la Géorgienne se plaça sans mot dire contre la muraille,
justement sous l'ouverture du plafond par la-

quelle nous étions descendus : ce fut la base solide sur laquelle nous improvisâmes l'escalier libérateur. Marion au bas du mur, Louise grimpa sur Marion, Fanchette sur Louise, Victoire sur Fanchette ; comme elle était la plus grêle et la plus légère, la pauvre fille qui m'embrassait grimpa sur Victoire ; elle fut le dernier échelon de cette échelle animée, avide, curieuse, pleine d'amour, échevelée et pleurante, qui devait nous rendre à la liberté et au camp. Philippe grimpa le premier sur cette échelle : tremblant qu'il était, il meurtrit plus d'une blanche épaule, il égratigna plus d'un visage, il ne dit adieu à personne, il se voyait fusillé le lendemain matin ! Rufo, tout lourd qu'il était, eut grand soin de ne pas laisser flotter son sabre ; mais comme il avait sa chaussure entre les dents, il n'eut pas un seul baiser à donner à cette échelle vivante qui tremblait de tout son poids.

« Restés tous les trois dans le bain, Eugène, Albert et moi, nous oubliâmes toutes nos peines ; ce fut à qui de nous monterait le dernier : « A toi, « Eugène, » disait Albert. Albert montait les premières marches ; il arrivait ainsi au troisième échelon ; il l'embrassait avec l'ardeur d'un capitaine de la garde, puis, folâtre enfant qu'il était, il se laissait mollement glisser jusqu'à terre pour

recommencer son escalade. Nous lui disions :
« Monte donc, Albert ! » Albert remontait ; il
montait un échelon de plus; il s'arrêtait à cet
échelon, puis il redescendait, puis il nous disait :
« Je reste ici, je suis bien ici, je veux être fusillé
« ici. Montez, vous autres ! Monte, Eugène ! » Et
voilà Eugène, le beau jeune homme, qui lève le
bras et qui se tient à ces belles femmes rieuses et
pleines de grâces. Eugène les touchait à peine ;
elles arrêtaient Eugène, elles aimaient beaucoup
Eugène. A la fin Eugène monta sur le toit, il
voulut redescendre ; mais tout à coup plus d'escalier, l'escalier était à bas, qui dansait en pleurant.
Et nous voilà narguant Eugène, et Eugène riant
à moitié : « Viens donc, Albert ! viens donc,
« Georges ! venez donc, ou je vais redescendre ! »
Nous nous mîmes à danser en rond, narguant
Eugène qui était désolé.

« A la fin je dis à Albert : « Albert, il faut
« sortir d'ici, absolument. Qui de nous sortira le
« dernier ? Je suis plus gros que toi, monte le
« premier ; tu me donneras la main. Sois bon
« enfant ; je t'ai donné une bonne place sur le
« premier rang à la bataille, si bien que tu as
« manqué d'être tué à mes côtés : tu dois t'en
« souvenir, Albert. Cède-moi donc une fois dans
« ta vie, Albert. »

« Albert, fort touché de mon discours, m'embrassa comme s'il eût embrassé sa Géorgienne. L'escalier se forma de nouveau ; on choisit les femmes les plus fortes : j'ai toujours été d'un embonpoint si ridicule ! Je ne sais comment cela se fit, mais ma jolie brune était encore assise au sommet de l'échelle ; elle me regardait d'un air pénétré.

« Je fus fidèle à ma parole ; je montai tout de suite après Albert. Je me faisais léger et petit, de mon mieux ; je montai lentement. Je sentis plus d'une poitrine haletante ; j'entendis plus d'une voix qui me disait adieu dans cette langue inconnue qui vient du ciel. J'atteignis enfin au sommet ; Albert et Eugène me saisirent de leurs bras nerveux et m'attirèrent à eux. Hélas ! hélas ! à cet instant-là même, j'eus un des plus violents chagrins de ma vie. »

A ces mots, le général déposa sa pipe ; il avait du chagrin dans le cœur. « Figure-toi, Jules, que la jolie brune, cette petite fille de seize ans, le dernier échelon dont je t'ai parlé, s'attachait à moi avec tant de force qu'elle vint avec moi sur la plate-forme ; et, une fois sur la plate-forme, elle se jette à genoux devant moi, les mains jointes, sans vêtements, priant, s'arrachant les cheveux, et parlant d'une voix si douce et si plaintive que je la comprenais comme si j'avais eu le don des langues. Elle se tordait, elle criait; elle se leva, elle m'embrassa. Elle me disait en arabe : « Ne « me laisse pas ici toute seule! emmène-moi, je « serai ton esclave, je serai ta femme! » Eugène, Albert et moi, voyant cette douleur, cette beauté, ces cheveux épars, ce sein nu, cette pauvre femme si hospitalière et si bonne, mon Directoire à moi, qu'il fallait quitter sitôt, nous fûmes près de pleurer aussi fort qu'elle pleurait.

« Ce fut une grande douleur. Je me jetai à genoux à ses côtés; je l'embrassai avec délire; je lui dis adieu avec des larmes; Eugène et Albert la rejetèrent doucement à ses compagnes. Puis, tout à coup, pour la faire revenir à elle, toutes ces femmes se mirent à frapper dans leurs mains, à remplir l'air de leurs cris. La porte fut ouverte avec fracas, les esclaves accoururent, les femmes se voilèrent, et de leurs mains elles montrèrent ce toit entr'ouvert et ces chrétiens qui s'enfuyaient.

« Les époux de ces femmes remercièrent Allah, dans leur prière, du danger dont il les avait préservées.

« Le toit fut réparé, le lendemain, avec du fer.

« Quant à nous, moi pleurant, eux riant, tous les cinq épanouis, frais comme des roses, reposés comme un sultan, couverts d'essence, chargés d'amulettes, d'anneaux d'or et de chapelets d'ambre, nous rentrâmes au camp à la faveur de la première confusion.

« Nous fûmes salués à notre entrée comme cela était dû à des gens de l'avant-garde qui s'étaient battus les premiers, et qui étaient signalés nominativement dans l'ordre du jour. Seulement, on trouva que nous portions avec nous une odeur insupportable, l'essence de rose étant peu connue alors et peu en usage dans le camp.

« Le lendemain, nous étions nommés sous-officiers tous les quatre; Albert était officier tout à fait.

« Un mois après, j'avais la peste à Jaffa. »

Le général achevait son récit, quand il sentit quelque chose qui touchait légèrement son épaule; il se retourna vivement et le visage couvert de rougeur.

C'était son lévrier favori qui, dans un accès de tendresse, lui disait *bonsoir*.

« Tu m'as fait une horrible peur, Vulcain, dit le général; j'ai cru que c'était ma fille qui nous écoutait. Quelle honte c'eût été pour moi ! »

Il reprit encore sa pipe, et d'un souffle vigoureux il ranima ses feux éteints.

Je me levai. « Bonsoir général. »

Il me prit la main : « Bonsoir, mon enfant. »

Je sortais, il me rappela.

« Fais-moi le plaisir, Jules, de couper ta barbe et tes moustaches ; fais-moi le plaisir de ne plus mettre de gants jaunes, et de ne plus porter de lorgnon, veux-tu ?

« Nous avions de si belles moustaches, nous autres, dans l'armée ; des mains si nerveuses, une barbe si noire et de si bons yeux, que toutes vos moustaches et vos gants jaunes, et votre barbe, et vos lorgnons, me font pitié. »

# L'ENFANT PERDU

C'ÉTAIT le dernier des trois jours, un jour de joie. Vous savez quelle fête! la même fête perpétuelle qui commence par des distributions de viandes et qui se termine par quelques fusées jetées dans l'air et qui brillent trois secondes, image trop vraie de la satisfaction d'un peuple. Nous étions donc arrivés, à travers tant de mauvaise musique et de mauvais vers, au dernier des trois jours.

La foule s'assemble et se presse ; on se heurte, on se renverse, tous les yeux sont levés vers le ciel comme si l'on attendait un miracle. Que va-t-il donc descendre de ce ciel ? Quelle rosée bienfaisante ? Quel saint ange doit nous apporter le calme et la paix ? Pourquoi toute cette population attentive et recueillie? Demandez-le à elle-même : elle ne vous le dira pas.

La foule sait-elle ce qui la pousse, ce qui l'appelle? La foule marche comme le flot marche; elle regarde en haut parce qu'on regarde en haut; elle n'a ni foi, ni espérance, ni crainte. On l'appelle aujourd'hui pour regarder : elle regarde ; il y a un an on l'appela pour briser un trône, pour défendre les lois, pour rétablir la constitution de France, pour réclamer les droits de l'homme : la foule vint au premier appel. Elle brisa, elle renversa, elle exila, elle se rua dans la vengeance. Aujourd'hui elle vient voir des fusées qui volent. Sublime foule! stupide foule!

Or donc elle regardait, bouche béante, attendant qu'il plût à l'artificier de venir.

L'artificier ne se gênait pas, l'artificier était à table, joyeux et tranquille : que la foule attende, le plaisir en sera plus vif. D'ailleurs tout est prêt : les fusées qui s'élèvent en l'air et qui retombent en étoiles tricolores, la bombe qui tourne sur elle-même et qui éclate, le soleil fixe et mobile donnant un éclatant démenti au problème de Galilée, puis la gerbe qui monte, qui hurle, qui crie, qui se démène, échevelée, bizarre, bondissante, joyeuse, poussée par les éclats du peuple, et se perdant dans le nuage comme se perd une pensée poétique dans un peuple en révolution.

Quand l'artificier eut dîné, il s'avança au lieu de l'exécution. Un feu d'artifice, c'est comme un homme à immoler : c'est la même attente solennelle, c'est le même battement de cœur. A savoir si l'homme mourra bien, à savoir si les fusées seront de poids et monteront bien haut dans les airs. Ajoutez que c'est un plaisir d'un instant qui passe vite, le temps de couper une corde ou d'approcher une mèche. Ici, quand tout est fait, c'est du silence ; au feu, c'est de l'obscurité. Je ne crois pas que jamais, depuis le commencement du monde, on ait entrepris une pareille comparaison.

J'en demande pardon à l'artificier.

Enfin, enfin, dans l'obscurité de la place publique, là-bas, là-bas, à travers ces ponts suspendus, sur ces bords où l'onde éclate et se brise, entre ces statues colossales, monuments sans proportion et sans actualité, à travers cette place de la Révolution si ensanglantée, et qu'attendent des jardins et des groupes d'eaux jaillissantes, voyez-vous cette faible lumière qui scintille, vacillante clarté qui paraît et disparaît inégalement, capricieux follet qui se joue autour de la poudre, âme rapide de cet artifice muet encore. Silence ! Il faut du silence pour bien voir ; la scintillante lumière va donner le signal. La pâle clarté va faire étinceler tout ce ciel. Vous allez dire que le soleil n'est pas couché et que les étoiles boudeuses se sont enveloppées dans leur voile gracieux de la nuit, boudeuses déesses qui échappent à ces astres inusités !

Et le feu recommence. Vous entendez comme le râle d'un mort; l'incendie éclate et hurle, il crie, il éclate ; tout le ciel est changé. Le peuple bat des mains. O pouvoir de la poésie sous toutes les formes ! cette poésie colorée de la poudre, facile à comprendre comme une caricature en plein vent ; cette poésie des yeux, qui dure une seconde mais qui va droit au regard, laissant le spectateur maître de se faire son drame à lui comme à une pantomime d'opéra ; cette poésie de l'artificier n'a pas d'égale. L'artificier est le poëte populaire ; l'artificier est l'enchanteur le plus puissant des temps modernes. Vous qui souriez, savez-vous un peintre plus étudié ? savez-vous un chansonnier plus chanté ? savez-vous un refrain plus répété ? savez-vous, dans ce monde d'artisans, quelque chose plus fêté, plus vivement, plus naïvement senti, avec plus de passion et de cœur, que cette simple fusée qui sillonne les airs ? Tout un peuple regarde et applaudit ; à ce spectacle, la pensée de tout un peuple est suspendue. Il y a un instant, instant rapide, où le peuple aux mille formes, aux désolantes colères, aux passions terribles, aux sentiments multiples, n'est plus un peuple ; ce peuple n'est qu'un seul homme, abusé, oublieux, flâneur, curieux, innocent, et qui regarde en l'air. Ce peuple qui regarde, c'est *le grand flandrin de vicomte,* dans Molière, qui crache dans un puits pour faire des ronds. Oh! si ce moment de béatitude et de contemplation silencieuse se prolongeait seulement un jour, qu'il serait facile de gouverner!

Dans les airs, la fête enflammée est à son plus beau moment ; tout un pont de feu s'étend dans les nuages ; sur ce pont des armées sont en présence, c'est le pont d'Arcole, c'est le pont des trois jours, c'est la bataille parisienne. Voyez! voyez! Et la pensée est suspendue de nouveau. O miracle! dans cette grande ville, volcan qui gronde incessamment et qui éclatera quelque jour, inondant l'Europe de venin et de bitume, dans cette capitale des trois couleurs tout se tait, passion, colère, ambition, douleurs, désappointements cruels, misères profondes; on n'entend plus rien, pas même les voix des mourants, les plaintes des captifs, les gémissements de l'hôpital; la vie sociale est suspendue, la vie réelle fait silence ; cœurs et âmes sont tous dans les airs, voltigeant après l'étincelle enflammée. On dirait des peuples croyants qui écoutent une religion nouvelle. A la dernière fusée, il n'y avait plus dans Paris qu'un seul désir, c'était de voir le dernier éclat de cette fête dans le ciel. Alors, quand tout ce peuple quitte la terre, il n'y a plus sur la terre ni époux, ni père, ni maîtresse, ni haine, ni amour; il n'y a plus qu'un regard, qu'un simple regard, morne et terne comme tout regard après lequel il n'y a plus rien à désirer.

Même, je vous le dis, une mère, ce jour-là, s'est tellement perdue au ciel qu'elle oublia son enfant, son joli petit enfant qui était à ses pieds.

Elle oublia son enfant, la pauvre mère! elle l'oublia un instant; cet instant fera le chagrin de sa vie. Excusable peut-être, car c'était son premier moment de poésie, la pauvre femme! c'était le seul plaisir qu'elle eût eu en sa vie, c'était la seule page qu'elle eût ouverte, le seul spectacle auquel elle eût assisté, le seul vers qu'on eût murmuré à ses oreilles; c'était son premier tournoi, sa première loge à l'Opéra, ses premiers contes des *Mille et une Nuits*; c'était son premier voyage dans la rue Vivienne, sa première entrée dans les wauxhalls éblouissants; c'était son premier cachemire, son premier bonnet de gaze, sa première déclaration d'amour; c'était sa première débauche dans la nuit, à la lueur des lustres, au son des instruments, au bruit du vin de Champagne ; c'était son premier moment de repos et de calme, et d'illusion décevante, à cette pauvre femme si fort plongée dans les réalités de la vie laborieuse. Pardonnez-lui donc, si vous pouvez, d'avoir oublié un instant son enfant.

Cela fut prompt comme l'éclair du ciel. Quand le ciel fut redevenu ciel, rien que ciel, son regard se porta vers la terre ; il alla tout d'un coup de l'étoile à l'enfant ; quand il n'y eut plus dans le ciel que des étoiles, vous imaginez bien qu'elle revint à son enfant. Oh ! quelle nuit profonde ! au même instant plus de fusée dans le ciel, plus d'enfant sur la terre, plus d'enfant à ses côtés ; adieu la poésie ! Elle oublie sa poésie, son bonheur, son idéal, son rêve, son drame, son extase, le ciel brillant ; elle est sur la terre, sur la terre nue, déserte, triste, sombre, sans jour et sans nuit en même temps, éclairée par un pâle crépuscule, tout pâle ; une ombre décolorée, une couleur ombrée, un doute continuel, un mouvement inégal. Tout tremble devant cette mère saisie d'effroi ; le ciel s'électrise, la terre s'agite ; la foule, devenue compacte et occupée, n'a pas d'oreille pour ces cris déchirants, elle n'a pas de mouvement pour cette tendre mère éplorée ; la foule, devant cette étrange douleur qui commence, qui se dompte, qui ne veut pas se livrer encore à son explosion, la foule, c'est un mur de fer, un mur inaccessible, infranchissable, un mur sans portes, sans issue, sans une ruine, sans un trou pour qu'une mère puisse y passer ; le mur est debout devant sa douleur !

Oh ! comme elle s'agite ! Mais où s'agiter ? où courir ? où ne pas courir ? Quel conseil ? à qui parler ? Il n'y a pas un homme, pas une femme, pas une mère dans cette foule. Qui est mère ? qui est père ? qui a des enfants ? — Alors elle crie, écumante et altérée, et à voix palpitante et enrouée : « J'ai perdu mon enfant ! mon enfant blond aux blonds cheveux ! mon enfant frêle et riant qu'on va étouffer, qu'on va écraser, qui va mourir ! mon enfant qui se glisse comme un serpent au soleil, mon enfant qui s'ébat devant ma porte, mon enfant qui joue avec son agneau et qui boit du lait dans ma tasse tous les matins, mon enfant joyeux qui chante et qui sourit ! Mon enfant ! mon enfant ! Parlez donc ! dérangez-vous donc, Messieurs et Mesdames ! il me faut mon enfant ! Que regardez-vous donc dans le ciel ? Une mauvaise fumée, une mauvaise étincelle, une flamme qui grimace, une salamandre sans queue, une folie qui est ivre et qui se traîne dans les nuages ; mais à vos pieds,

Messieurs, à vos pieds est mon enfant! regardez à vos pieds, Messieurs, un pauvre enfant joli comme un soleil blond! » Et elle se tordait les mains, et de courir çà et là appelant à haute voix son enfant; courant et ne s'éloignant pas du cercle où elle l'avait perdu. Pauvre mère! le peuple insensible regardait le ciel, il criait de joie, il applaudissait. Le feu roulait en flocons; il y avait des châteaux de feu, des étendards de feu; la foule regardait de toute son âme, de tout son cœur, de toute sa passion. Que pouvait faire cette pauvre femme pour faire descendre tout ce peuple du ciel?

Quand le dernier feu éclata, il y eut une lumière : elle en profita avidement, elle se précipita sous les rayons de ce soleil factice. Point d'enfant! Le dernier feu brûlé, le mur s'ébranla, la foule redevint foule, mobile, agitée, friable, flexible; alors la mère désolée se précipite dans la foule, qui s'écarte nonchalamment obéissante. La foule s'en alla, ne regardant plus le ciel; la foule revint chez elle haletante, fatiguée, écrasée; elle but de la bière à la porte des cafés. Rentrée chez elle, elle se déshabilla, elle ôta son habit et son chapeau, elle se mit en chemise, elle souffla, elle ne se lava ni les pieds ni les mains, elle ne fit pas sa prière, elle ne pensa à rien : elle se coucha, s'endormit, et elle ne rêva à rien.

Paris, cet insensible Paris, ne songea pas un instant à cet accident funeste : une mère a perdu son enfant.

Ce que devint la pauvre mère ? Hélas ! hélas ! il y avait en son chemin des bourgeois qui rentraient en parlant politique. Ceux-là ne regardaient pas la mère éplorée ; ceux-là pourtant sont des hommes bons et humains des grandes villes ; mais aussi il y avait des enfants, spectateurs cruels, sans mère et sans père, égarés et curieux, libres comme l'air, qui, entendant la pauvre mère appeler son fils, lui criaient : *Le voilà ! le voilà ! voilà l'enfant !* Et la mère radieuse courait : point d'enfant ! A la place du pauvre égaré elle trouvait un gamin de Paris qui riait aux éclats : le gamin de Paris, race à part, race bohème, qui se sème et qui pousse comme une plante parasite, le gamin qui s'accroche à la ville comme de l'herbe aux vieux murs ; le gamin, qui grimpe comme le lierre, plante tenace, crochue, parasite, joyeuse à voir, facile à pousser, inoffensive, pas méchante, rarement nuisible, un fruit à part de la civilisation. Ceux-là, dont les mères ne s'étaient jamais inquiétées, ne comprenaient pas qu'une mère pût pleurer et s'écheveler parce qu'elle avait perdu son fils. Si elle eût perdu son sac, son châle ou sa bourse, ils lui auraient aidé à chercher, ils auraient été sensibles; mais un enfant perdu, qu'est-ce que cela pour un gamin de Paris?

J'ignore si la pauvre femme a retrouvé son enfant. Dans tous les cas, elle se souviendra des jours de fête de juillet quand même nous les aurions tous oubliés.

# UNE FIN D'AUTOMNE

(HISTOIRE CONJUGALE)

RIEN n'égale en beautés de tous genres la noble et ancienne habitation du vicomte de Lagarde. Le château n'est qu'à huit petites lieues de Paris, dans un village dont nous tairons le nom par égard pour le curé. Maintenons toujours la paix et la concorde entre les autorités d'une même commune, et ne brouillons pas le château et le presbytère.

Il serait difficile de trouver quelque part, même à Meudon, un parc mieux ombragé et plus obscur, des sentiers plus perdus dans des masses de feuillage, des allées plus rêveuses qu'au château de Lagarde. Le portique de la maison est sonore; l'écurie est chaude, encombrée par le fourrage;

l'écho des voûtes protége le robuste hennissement des chevaux. Dans les cours nettes et spacieuses, on entend bouillonner la fontaine. Ici des griffons au niais sourire, vieux enfants du XVIII<sup>e</sup> siècle contemporains des magots de la cheminée, laissent s'échapper à regret un mince filet d'eau de leur gueule entr'ouverte ; là, des têtes de bronze sourcilleuses et renfrognées, ornements de l'Empire, qui aimait le fer, renvoient l'eau à gros bouillons dans des cuves de marbre. Il y a de l'eau... même dans la rivière du jardin, très-honorable rivière pour un particulier ; des brochets effilés et des carpes limoneuses y passent de loin en loin en furetant. Du reste, point de gibier dans les fourrés du parc, à peine quelque pigeon échappé de la basse-cour.

Ce n'est donc pas une de ces habitations modernes, construites haut et bas au cours de la rente, avec des statues de plâtre, une façade peinte en jaune, un toit à l'italienne, et précédées de quelques pieds de terrain disposés en jardin anglais. Vous trouverez au château de Lagarde je ne sais quelle bonne odeur de féodalité oubliée à dessein. Le port de la maison a quelque chose d'antique et de seigneurial. Les murs sont couverts d'un épais manteau de lierre ; les pierres de taille, grises et cendrées, sont encadrées de mousse ; souvent même les pavés des cours ne se refusent pas quelques touffes d'herbe. Le château est éloigné de la route et noblement assis au milieu de son parc, qui s'ouvre, en quelques endroits, sur des chemins écartés auxquels il communique par des grilles chargées de rouille. J'aime les grilles qui coupent la monotonie d'un chemin. Le mendiant qui passe, dans la chaleur, va coller son visage à ces barreaux de fer, et il regarde niaisement le domaine; il sourit de regret en apercevant, lui sans chapeau, une ceinture et un chapeau de paille oubliés sur un banc de mousse ou sur un siége de bois à demi vermoulu, qui borde l'allée fleurie et coquette dont les flancs seuls se laissent voir.

Ce jour-là, vers l'automne, quand l'oiseau chante encore, quand l'arbre en est à sa dernière verdure, quand la rose se tient de toutes ses forces pour rester belle, ce jour-là il y avait un grand déjeuner au château de Lagarde : déjeuner d'hommes mariés échappés aux piéges décevants de la jeunesse. Chacun des convives, tout fier de son nouvel état de marié, avait vanté son bonheur à l'envi. Pendant tout le repas, ils criaient tous au choc joyeux des verres, comme un chœur d'opéra qui détonne : « Vive! trois fois vive le mariage! Qui oserait soutenir que nous ne sommes pas les heureux de la terre? Et qu'on ne vienne pas surtout nous parler du célibat, cet infâme purgatoire où l'on risque chaque jour son honneur, sa fortune et sa vie ! Quand le célibataire de trente ans possède la femme la plus coquette de Paris, c'est-à-dire à peu près la plus laide, une jument à tous crins et des cigares des quatre parties du monde, que lui reste-t-il à désirer? Or, quand nous touchons au terme de nos vœux, quand nous avons dépensé tous nos souhaits, c'est que nous avons aussi dépensé toute notre vie. Ce moment-là, c'est le néant, c'est la mort, c'est le revers déteint et décoloré de toutes les joies et de tous les plaisirs. L'homme le plus heureux est celui qui garde toujours en réserve un raisonnable contingent de désirs à satisfaire. Or, le mariage peut nous maintenir dans cette tiède et moyenne température de désirs modérés, et nous payer à échéances convenables la somme de bonheur que cette vie nous promet. »

Puis on buvait et l'on tenait agréablement d'autres propos de la même philosophie. — C'est une triste chose, direz-vous, lorsqu'on en est venu à provoquer les plaisirs, à les faire venir à point nommé, à régler cela comme on règle une pendule qui retarde toujours. Qu'est-ce qu'une orgie ? C'est le triomphe de la satiété, c'est l'apothéose de l'ennui. Tout est prévu, tout est arrangé d'avance dans la débauche : du vin, des femmes, des fleurs et des femmes disposées avec symétrie, puis le hoquet du vin et la tête qui vacille ; voilà tout. L'orgie, c'est une prétention menteuse de réunir en bloc toutes les joies, tous les prestiges du monde, l'esprit, la folie, l'abandon, les grâces. On met en même temps le vin dans la glace, et dans sa tête les bons mots du festin. Le sein demi-voilé, l'œil humide, la bouche qui sourit, tout est prêt. Mais qu'importe ! il faut boire le vin tiré, il faut subir ces sourires stéréotypés. On demande plus que tout cela ne peut donner ; on s'est préparé longtemps d'avance ; on s'est battu les flancs au plaisir qui va naître ; on a pris de son mieux toutes ses mesures, en sorte que notre sang-froid, aux prises avec l'ivresse, malgré toute sa bonne volonté, ne parvient jamais à succomber. On sort ennuyé, rassasié, plein jusqu'à la gorge, et chacun dit à son voisin, de son voisin : « Mon Dieu, qu'il est laid ! » Et il se trouve que tout le monde a raison.

Ainsi célébraient leur position nouvelle cinq jeunes mariés ; ils maudissaient tout haut et dans ses moindres détails leur vie passée, peut-être pour avoir le droit de la regretter tout bas. C'était un torrent de louanges presque forcées sur la félicité conjugale. Les vins et les liqueurs circulaiententement et sans enthousiasme ; d'ailleurs tous avaient fait effort pour conserver leur dignité maritale, et ils s'étaient arrêtés à cet état de demi-ivresse dans lequel l'esprit est obligé de veiller de près sur ses moindres pas, de crainte de tomber dans une embûche. Il y a un moment de raisonnement sans réplique et de logique invulnérable entre deux vins; toutefois plusieurs de nos maris sentaient déjà leurs cheveux se dresser sur la tête. Le papier de la salle à manger, orné de bacchanales animées et de danses flamandes, entraînait ces cœurs encore peu dégagés du levain de la première jeunesse et leur faisait prendre mille poses lascives. L'immense pelouse que l'on entrevoyait à travers le vitrage semblait hérissée d'arbres étrangers, de sapins ardus, d'aloès, de plantes rares aux mille dards; champêtre fascination que donne le vin, le vin, ce jovial compagnon qui se fait paysan, grand seigneur, artiste, tout ce qu'on veut, pourvu qu'il reste, lui, le roi du monde matériel, le vin !

Ils vantaient donc la destinée conjugale avec le fanatisme de nouveaux convertis qui ne croient pas tout à fait à leur dieu nouveau, étalant en quelque sorte le mariage dans son pédantisme, ses scènes banales et ses lieux communs; citant avec attendrissement ces riens mystérieux, ces mignardises élégantes, ces sobriquets amoureux dont s'affublent les jeunes époux dans l'inexpérience de leur tendresse du premier jour.

« Moi, disait l'un, j'apprends à épeler à ma petite fille d'après une nouvelle méthode ; je joue tous les jours deux heures de serinette pour endormir notre volière, et je lis à ma femme l'*Amour maternel* de Millevoye, pour la mettre au fait de ses devoirs.

— Je suis artiste en peinture, s'écriait un autre, Alphonsine me sert de modèle et pose déjà à ravir. Ne me parlez plus de ces indignes prostituées, les modèles de mes premiers ouvrages, qui se mettent toutes nues pour un petit écu à l'heure, bonnes filles du reste et fort belles quelquefois, mais bonnes tout au plus pour des orgies d'atelier. Alphonsine me tient lieu d'elles toutes ; je retrouve tous mes effets de tableau dans nos extases, dans nos plus délicieux tête-à-tête. Alphonsine est mon idéal, mon rêve, ma Galatée toute faite, tout animée, toute préparée à l'amour. » Disant cela, il but un grand verre de vin de Champagne.

« Moi, messieurs, disait un troisième, ma femme est poëte et païenne comme Voltaire ; Corinne est son nom de baptême, ni plus ni moins ; c'est un beau nom ! Elle compose des vers jour et nuit sur les premiers sujets venus, sur la pluie, sur le beau temps, sur l'hyménée, sur l'enfance, sur moi-même, moi qui vous parle! Me serais-je douté qu'il y aurait un jour du génie dans mon ménage, et que la sainte poésie dût entrer dans la communauté et venir, accroupie à mon foyer, écumer mon pot-au-feu, moi, Joseph, qui ai manqué la conquête d'une baronne parce que, l'hiver dernier, en sortant de l'Opéra, je lui glissai furtivement un billet sans orthographe!

— Parbleu! s'écria Prosper de Lagarde, l'amphitryon, impatienté de tous leurs épithalames; moi aussi, je veux me convaincre tout haut de mon bonheur. Certes, Messieurs, vos tableaux de bonheur domestique sont d'une séduisante couleur; reste à savoir si vos tableaux ne sont pas flattés et si le talent de l'artiste n'a rien déguisé. Moi, mes maîtres, je fais mieux que vous; je ne pense pas, j'agis; je ne décris pas un tableau, je le montre; je n'élève pas en l'air le fantôme de mon bonheur, je le fais toucher au doigt. Ma femme est là-bas, au bout de la galerie, dans sa chambre, retirée au milieu de ses fleurs; ma Suzanne, ma chaste et jolie femme! l'orgie lui fait peur, même chez elle; elle fuit le bruit du monde. Elle est si frêle, ma foi! Vive la vertu des femmes légitimes! Il n'y a que cela de réel dans le bonheur du monde. La mienne, Messieurs, ne se nomme pas tout à fait Lucrèce, mais Suzanne, pour vous servir. »

Ce qui fut dit fut fait. On voulut voir tout le bonheur que ce mari voulait montrer; on voulut surprendre cet intérieur conjugal. Prosper faisait pour ses amis ce que le roi Candaule avait fait pour son confident Gygès. Les convives acceptèrent donc avec empressement la proposition de Lagarde.

Ils quittèrent la table tant bien que mal et, Prosper commandant la troupe, ils arrivèrent sur la pointe du pied, par une longue file d'appartements, à une porte vitrée à peine protégée par un léger rideau de soie. Prosper souleva le rideau d'une main légère et d'un air satisfait, se rangeant poliment pour que tout le monde pût tout voir; en sorte qu'ils purent contempler à loisir la jeune vicomtesse, à peine vêtue d'une robe du matin, lâche et flottante, assise sur un sofa, sans prétention, auprès d'un jeune homme qui tenait sa tête près de la sienne, une main passée dans ses cheveux, fatiguant capricieusement une boucle tombante...

Leurs lèvres se touchaient!

M<sup>me</sup> de Lagarde, pauvre femme! Elle était dans ces heureux moments de passion où la passion s'oublie, où l'amour rêve tout éveillé, où une femme ne voit rien de ce qui l'approche. Cependant, les yeux fixés sur le beau jeune homme, elle vit fort bien à travers la croisée les convives l'œil fixé sur elle. O pitié! Alors elle poussa un grand cri : le jeune homme s'élança par une fenêtre et disparut.

Prosper, laissant tomber le coin du rideau, regarda en souriant ses cinq amis... stupéfaits comme lui.

Il les reconduisit en silence jusqu'à la porte de son parc; aucun d'eux n'osa risquer un mot de consolation ou de blâme ; ils se séparèrent sans même se donner une poignée de main.

Les voitures parties, le vicomte ferma luimême la grille du parc, qui fit entendre sa chanson accoutumée en tournant sur ses gonds. Il regagna le château.

Heureusement l'avenue qui menait au château était longue et déserte. Le vicomte de Lagarde était fort laid, chauve, grêlé, n'ayant pour lui qu'un œil brillant et des dents *charmantes;* mot qui semble inventé pour les femmes et qu'elles seules savent prononcer. Dans le monde il passait pour peu spirituel, soit qu'il fût réellement dénué d'esprit, soit qu'il aimât mieux le garder pour lui seul, en jouir lui tout seul, au lieu de le dépenser dans les cercles à la mode pour amuser les autres; on lui reprochait d'être trop réservé, peu communicatif, d'être ce qu'on appelle d'un caractère en dedans en un mot, et enfin de n'avoir aucune des qualités qui flattent les femmes, première condition pour en être aimé.

Il avait toujours désespéré d'être aimé de sa Suzanne, jeune blonde de seize ans qu'il avait épousée d'abord pour ses grands yeux bleus, sa bouche rose, et aussi beaucoup pour sa riche dot, qui valait mieux, de l'avis même des gens les plus désintéressés, que tous les grands yeux bleus du monde. Il avait été obligé de passer à la jeune femme bien des folies, bien des caprices d'enfant gâté, qui contrastaient avec le ton grave et sérieux d'un homme mûri par de longues années de plaisirs. Toutefois, le vicomte trouvait un peu forte cette dernière étourderie de sa Suzanne; cette fois son honneur était compromis, compromis devant tous, et sur ce point, tout sceptique qu'il était, il entendait raillerie moins que personne. La fidélité de leur femme, c'est encore aujourd'hui un préjugé égal à celui du duel pour les honnêtes gens.

C'en était donc fait à tout jamais de ses illusions conjugales. Et pourtant Prosper, à travers les souvenirs du festin, cherchait encore à douter de la fatale scène : il croyait à une vision, à une chimère inventée par une fièvre d'ivresse; mais cette même ivresse, ce guide si sûr et si fidèle à certaines occasions, lui apportait exactement toute cette histoire qui l'inquiétait, lui retraçant cruellement chaque circonstance, ne lui faisant grâce d'aucun détail. Il revoyait toute cette scène si gracieuse à voir, et que Greuze eût enviée : cette jeune femme à demi renversée entre les bras d'un beau jeune homme, ivre d'amour! Scène bien faite pour les yeux d'un artiste qui voit tout en beau; bien triste scène pour un mari!

« Mon destin est écrit là-haut, pensait-il : voici enfin ma femme qui me trahit pour un autre, et cet autre vaut sans doute cent fois mieux que moi. Tout est dans l'ordre, hélas! » Puis il continuait, pensant tout haut :

« Où en est la journée maintenant? Il est six heures du soir, car j'entends la cloche du village qui sonne la prière de sa voix grêle et cassée. C'est la fin d'une rêveuse soirée d'automne. Voilà bien le parc de mon père qui est à moi, voilà bien mes jeunes allées d'accacias et de tilleuls, mes bordures de thym qui répandent sur mes pas leur senteur vulgaire, mes roses éplorées qui s'effeuillent sur les pelouses, mes longs peupliers, maigres et effilés, entrant à peine dans leur puberté, qui semblent se pencher l'un vers l'autre pour se murmurer à l'oreille un secret d'amour; et cet essaim de moucherons qui voltigent là-bas sur l'eau, et ces insectes qui sifflent dans les buissons, et ces voix de ramiers, sourdes et confuses, sous les voûtes épaisses du feuillage, d'un si beau vert aux approches de la nuit! A ces parfums, à ces bruits qui se croisent, à ces murmures confus de la soirée, je reconnais le signal d'adieu, l'heure d'extase d'un beau jour qui va finir.

« Au dehors, dans les prairies voisines, c'est le bruit des chèvres qui agitent leurs sonnettes; c'est le trot des vaches que les petites filles chassent devant elles, leurs souliers à la main; c'est la chanson des jeunes enfants revenant avec de gros paquets d'herbe sur la tête; j'entends mes chevaux qui se couchent à grand bruit au fond de leur écurie, et, dans le lointain, le marteau des forgerons du village, qui semble comme le bruit d'un balancier battre la mesure et régler le mouvement de toute cette scène. Hélas! je reconnais la nature qui nous rend plus sensibles à ses touchants spectacles quand nous avons dans l'âme quelque peine secrète et qu'une tristesse nous serre le cœur. Il semble alors qu'il faille se recueillir et saluer pour la dernière fois les vases pleins de fleurs de sa cour, les marronniers domestiques et le rideau de vigne qui embaume d'une odeur de feuillage le chaste seuil du logis. »

En entrant dans la salle à manger, il fut désagréablement surpris de retrouver les débris de son déjeuner d'amis. Rien n'avait été dérangé ; l'air de l'appartement gardait encore une odeur de vins éventés, de mets évaporés, de poisson, de gibier, de truffes, de citron. Il s'arrêta, il se prit à sourire, en croisant les bras, sur ce triste champ de bataille jonché de bouteilles à demi vidées, de serviettes froissées, de débris de verres à vin de Champagne. Il crut voir encore ses sots convives vantant leurs femmes en s'abreuvant de ses vins ; tandis que la sienne, à lui qui se fiait à elle, la sienne ! Suzanne !... « Allons, se dit-il, je suis fou. » Et il marcha droit à l'appartement de sa femme.

Tout était si doux avant d'arriver à la chambre à coucher de M$^{me}$ de Lagarde : il y avait dans chaque pièce une telle odeur de fleurs d'automne, dont les parfums portent au cœur, caressants comme une femme qui est prête à vous trahir ; les pendules de bronze doré, les vases de cristal, les lustres où se brisaient les clartés du soleil couchant, tout ce luxe frais et fragile de jeune ménage semblait au vicomte si calme et si odorant, qu'il ne sentit en lui-même aucune pensée de haine ou de vengeance ; il était déjà aguerri contre le crime de sa femme et, par un sentiment d'orgueil bien excusable, il s'estimait heureux de pouvoir braver en face une convention sociale, la plus forte des conventions sociales. Quel héros !

Il trouva sa femme dans une posture demi-tragique, égarée, échevelée, assez disposée à lui donner une scène de désespoir. Elle avait à ses côtés une arme d'Asie, énorme lame recourbée à égorger un Turc, qu'elle avait empruntée à l'armoire des curiosités ; dans la bibliothèque et sur un guéridon, près d'elle, croupissait dans un pot de terre un breuvage de couleur grisâtre, raisonnablement dangereux, espèce de composition de ménage, vrai poison de femme de chambre.

« Tenez, choisissez, du fer ou du poison, Monsieur !... » lui dit-elle tout à coup, comme cela se dit à l'Ambigu. Prosper ne put s'empêcher de sourire ; il avait lui-même imaginé cette phrase à l'avance : « Mon amie, lui dit-il doucement, voici une lame qui peut fort bien devenir cruelle et une liqueur que je soupçonne fort d'être du poison ; mais que signifient tous ces instruments de désespoir et de mort ? Instruisez-moi, je ne saurais saisir à moi seul le sens de tout ceci. »

La vicomtesse le regarda d'un air incrédule ; c'était la première fois qu'elle s'arrêtait à le contempler, la première fois qu'elle se sentait le besoin d'avoir une opinion arrêtée sur le compte de son mari, tant elle y avait peu songé jusqu'alors.

« Je conçois cela, pensa-t-elle ; il fait de l'ironie pour commencer, il joue la surprise pour commencer ; tout à l'heure la colère aura son tour. »

« Mais enfin, je suis coupable, Monsieur !

— Je vous l'accorde, Madame, dit le vicomte.

— Dites, Monsieur, dites-le tout de suite, quel sera mon châtiment ? car, en pareil cas, le mari prévient la loi pour rendre sa vengeance plus terrible et plus vive. Ma faute est irrémissible ; je n'ignore pas de quel nom le monde la flétrit !

— Adultère, interrompit Prosper, adultère ; cela s'appelle adultère dans les romans et dans le Code pénal. C'est un mot auquel on s'apprivoisera difficilement, Suzanne, ajouta-t-il en se plaçant auprès d'elle sur le canapé. Mais, non contente de la chose en elle-même, voulez-vous m'en imposer le pénible attirail ? »

Et il tenait dans sa main la main tiède de sa femme. Suzanne avait ôté ses bagues, signe dramatique de malheur et de désespoir. Quand une femme dégarnit ses doigts et enlève ses bagues une à une, on dirait un soldat condamné à mort qui ôte sa cravate et sa giberne.

« Hélas ! dit-elle languissamment, vous voulez me punir à force d'égards, m'accabler de ma faute. et m'assassiner par des galanteries moqueuses et des marques d'amour que je ne mérite plus !

— Que vous êtes injuste, ma femme, répondait Prosper; vous me supposez, bien à tort, les plus noires intentions. Peut-être ne seriez-vous pas très-fâchée de me voir lever contre vous ce coutelas de Barbe-Bleue dont vous avez eu soin de vous munir. C'est un enfantillage inexcusable, ma jolie Lucrèce. Vous feriez mieux, je vous jure, de me savoir quelque gré de la manière dont je prends tout ceci; car enfin, je n'ai pas oublié que, tout à l'heure, un autre ici, tantôt, mes amis présents devant moi, était assis sur ce canapé, près de vous comme moi! Mais où donc est-il, le séducteur, l'infâme! que je le tue, que je me venge en même temps de vous et de lui! »

Et il marchait dans la chambre le couperet en main; puis, quand il eut bien fait la grosse voix et les grands yeux, il revint s'asseoir en souriant près de sa femme. Il y avait, dans cet acte subit de Prosper, un mouvement de plaisanterie forcée qui fit mal à Suzanne. Il lui semblait que son mari voulait lui dire : « Voyez, je veux rire de votre faute; pourtant vous sentez que j'en plaisante mal, que je n'en puis rire qu'à demi. » Elle était attendrie et comprenait confusément que l'intention de son mari était de tout oublier. Mais comment vivraient-ils ensemble désormais? Quel devait être leur sort futur? C'était là ce qu'il s'agissait d'éclaircir.

« Vous me pardonnez ? » dit-elle à tout hasard en prenant la main de Prosper par un geste d'amour, une de ces avances intempestives que les femmes emploient souvent si gauchement, auxquelles pourtant on cède et on feint de se laisser prendre, car elles s'irriteraient beaucoup si elles vous voyaient résister à ces choses qu'elles regardent comme les plus vives attaques et les derniers coups à porter... « Vous me pardonnez donc, Monsieur ?

— Mon amie, dit Prosper, rien n'est triste comme un pardon, soit qu'un père le prononce sur la tête de son fils, soit qu'un mari le pose sur le front de sa femme. C'est toujours comme un contrat légal formé entre deux personnes qui tendent à se rapprocher. Pardon ! c'est un mot trop solennel pour en abuser jamais ; un simple mot ne saurait avoir la vertu de rappeler l'amitié ou l'amour évanouis, ces sentiments si prompts à s'effaroucher, mais aussi qui reviennent si vite sans scrupule et sans rancune... A demain ! »

Suzanne resta seule dans son appartement, qui communiquait à celui de son mari par une porte d'alcôve. Prosper se garda bien de faire le moindre bruit, de peur de se nuire à lui-même, intervenant en personne aux vagues rêveries de sa femme et aux impressions qu'il lui avait laissées.

Cependant elle se sentait profondément agitée ; la conduite de son mari l'occupait et bouleversait sa pauvre tête, si romanesque comme celle de toutes les femmes. Elle s'était dit dans un moment d'ennui :

« J'aurai aussi mon jour de faiblesse, et si mon mari surprend mon séducteur, il me tuera !... » Alors elle avait bâti son drame sur cette donnée ; elle avait conduit le drame au quatrième acte, jusqu'à la scène de l'adultère inclusivement ; mais à présent la fin du drame n'arrivait pas : son mari ne l'égorgeait pas sur la place ; sa catastrophe lui manquait. Comment faire ? Elle eut une heure de distraction et de rêverie, relevant ses cheveux devant sa psyché, effeuillant les roses de ses vases, débouchant ses flacons de cristal.

Enfin elle se coucha, abandonnée à l'espérance que lui avait permise son mari ; et, comme elle était pieuse, car elle avait été élevée dans un couvent, elle remercia le Ciel et se mit à faire toutes ses prières, qu'elle n'avait pas dites depuis longtemps. Hélas ! le matin même de ce jour fatal, elle avait dit adieu à cette vie innocente, aux souvenirs du couvent, et voilà qu'elle retrouvait, comme dans un songe, toute cette existence qu'elle avait cru perdre. Elle sentait qu'elle avait reçu l'absolution d'un grand péché, elle pleurait, elle tremblait; car si son mari se fût irrité contre elle, il eût fallu partir la nuit même avec un étranger, traverser les froides allées du parc avec sa pelisse de bal sur ses épaules nues, quitter sa chambre à coucher qu'elle aimait, ses fleurs, ses vases, son lit de duvet, sa couche de dentelles. Bientôt un sommeil léger la berça dans ses bras; elle eut une mauvaise pensée, une vision bizarre... Prosper!... Frédéric... Sainte Vierge! Elle s'endormit.

Heureusement la journée du lendemain fut belle, et tous deux, le mari et la femme, venus dans le parc de grand matin, se rencontrèrent devant une statue en plâtre de l'Amour, privée d'un index et d'une partie du nez, aux proportions légèrement délayées par la pluie, et dont les ailes étaient brisées. On eût dit, à les voir, deux jeunes amants qui venaient prononcer des vœux aux pieds de quelque statue de la mythologie d'autrefois, du temps d'Émilie et de M. Demoustier.

Ils parcoururent les allées du parc l'un à côté de l'autre, bien simplement, marchant à petits pas, sans se regarder ni trop ni trop peu, et comme ils se seraient promenés la veille au matin, s'ils s'étaient promenés. Ils s'extasiaient de tout ce qu'ils voyaient, remarquant une première feuille desséchée, un nid abandonné, des plumes d'oiseau, une goutte de rosée scintillante au buisson ; ils se souriaient légèrement lorsqu'au détour d'une allée ils rencontrèrent l'haleine suave de l'amandier. Leur promenade fut une promenade d'amour, d'un amour satisfait, mais qui dit : *Encore !* Leur amour s'arrêtait à chaque objet, à chaque fleur, au moindre insecte, scènes d'amour toutes factices où il entre bien moins de vrai sentiment de cœur que de plaisir de se voir faire mutuellement de la poésie ! Pourtant ils s'y livraient volontiers, car ils étaient tranquilles du côté de la raillerie, et quelqu'un qui les eût entendus n'aurait eu rien à dire en voyant cet homme au front plissé, au front dépouillé par la débauche, en contemplation devant la jeune femme qui s'était laissé séduire la veille et qu'il avait surprise avec son amant ; et c'était une faute qui les rapprochait ainsi l'un de l'autre et qui leur permettait, à force de témérité, dans leur position nouvelle, quelques heures de bonheur, même avec une teinte de fadeur et de niaiserie.

Le crime de l'épouse la rendait toute nouvelle à l'époux et donnait plus de prix à leurs amours : c'était comme un lien tout nouveau entre eux deux, qui les rendait amants d'époux qu'ils étaient, comme s'ils ne pouvaient s'embrasser qu'à travers un voile. Ah ! dans vos plus vives tendresses, à vos plus belles heures de félicité avec une femme, soyez assez heureux pour trouver qu'il vous manque quelque chose! Si vous êtes habile, n'arrangez pas trop bien votre bonheur, dérangez-en la symétrie si elle est trop grande; laissez-vous toujours un prétexte à désirer quelque chose : une boucle de cheveux, une fleur mal posée; ou bien, si tout est parfait chez elle, que le désaccord vienne de vous, un mot discordant jeté maladroitement au moment le plus poétique, un mot de passion violente jeté à froid et avec intention pour déranger toute la scène; puis revenir un instant sur la terre, s'y reposer, s'y rafraîchir, et puis reprendre son vol, s'élever de nouveau au quatrième ciel, en quelque sorte faire comme l'oiseau : voler, s'abattre, marcher, courir, se perdre au loin, se retrouver sur le bord du chemin, voilà tout le secret des longues amours!

Ainsi pour nos deux époux, ce qui devait les préserver de la monotonie, mêler du rire aux larmes de leur sentiment, c'étaient les fautes de la femme, et les fautes que le monde a cru défendre suffisamment en y attachant sa risée, châtiment trop faible auquel on devait se faire à la longue, limite fragile qui devait finir par être franchie. « Oui, un autre était hier à mes genoux; je l'écoutais; et c'est à toi que je reviens. L'amour ne peut-il donc pas avoir son jour de faiblesse et son caprice d'une heure? et n'est-ce pas la froideur qui inspire une éternelle fidélité! Un autre fut un instant préféré à toi, et maintenant son souvenir seul me fait mal. Quel sacrifice, quel abandon m'a-t-il fait? Toi, c'est toute ta vie que tu sacrifies, surtout c'est un monde que tu abandonnes en me pardonnant! » Et lui, regardant sa femme avec amour, il lui disait: « Oui, tu m'as trahi, comme dirait le monde; un autre à ma place te réserverait son mépris, s'en rapportant à la lettre inexorable de la loi, et, pour se venger, te livrerait à ce crime qui t'a tentée une fois pour qu'il devienne ta dernière ressource et ton pain de chaque jour. Pauvre femme! mais loin de moi ces pensées de mort et de déshonneur. Suzanne, puisque je t'aime encore, puisque tu me sembles plus belle après cette erreur et cet oubli, puisque je trouve en toi plus de grâce et de coquetterie, et un peu de ce caprice qui nous charme dans une femme dont nous ne sommes que l'amant, peut-être (le dirai-je?) ce qui nous attache par une chaîne d'un moment à ces femmes dont la vie n'est qu'un long amour et un besoin perpétuel de plaire ; donc oublions l'heure fatale d'hier et que le rideau de ta porte soit tombé pour toujours! Vois-tu notre petite église dont le clocher, couvert de mousse, se cache derrière les peupliers du curé? J'irai encore dans la petite chapelle du fond, parée comme pour notre mariage, et je dirai : Vous aimez les gens heureux, Monsieur, et ceux qui peuvent l'être encore : nous nous sommes égarés, mais nous revenons à vous; nous avons péché, mais pardonnez-nous; bénissez-nous de nouveau, mariez-nous encore une fois, monsieur le curé. »

Ainsi il parlait, la regardant avec un amour tout nouveau ; il prenait son bras avec respect, il se penchait sous son regard penché : plus il pardonnait à Suzanne et plus il se faisait petit devant Suzanne! C'eût été un grave spectacle de voir ce jeune homme flétri avant l'âge, ricaneur à propos de tout, sceptique, usé, devenir grave et passionné à propos de cette chose si ridicule et si bouffonne pour lui, l'adultère en public. Ainsi le crime de sa femme faisait sur l'esprit du vicomte ce que la vertu de sa femme n'avait pu faire. Il l'admirait, il était près de la respecter depuis qu'elle s'était livrée à un autre. Il s'étonnait du courage de cette femme, d'un corps si frêle et d'un nom si chaste qui avait osé lui faire le dernier outrage, à lui, le vicomte de Lagarde! Oui, c'était sa propre femme qui avait osé tout cela; c'était elle qui avait été infidèle! Quel héroïsme! Le vicomte de Lagarde était près d'en pleurer de tendresse, tant la chose l'étonnait. Et il fallut que Suzanne lui racontât les moindres détails de ses amours avec Frédéric; car il s'appelait Frédéric. « Figurez-vous, disait-elle, la plus plate intrigue de comédie. Un colonel, une femme de chambre et une échelle sous mes fenêtres; des billets roses qui vous feraient rire de pitié et qui font mal à la tête rien que de les sentir; des vers entremêlés de prose, de la prose coupée par des vers. » Elle parla de cette fade intrigue avec le mépris le plus vrai et le mieux senti. Elle n'eut pas assez de sarcasmes pour cet homme qui s'en va comme il est venu, par la fenêtre, furtif amant qui se cache; et son mari fut complétement rassuré. Et c'est en vain qu'il cherche dans le récit de sa femme quelque reste d'amour, un souvenir qu'il aurait eu le mérite de dompter. Suzanne, dans tout son récit, ne montra que du dédain.

Ainsi la saison, qui avait commencé tristement pour les hôtes du château de Lagarde, finit d'une manière singulièrement heureuse et animée.

L'adultère opéra dans ce ménage une métamorphose complète; le mari gagna, par son indulgence, la beauté qu'il n'avait pas et le bel âge qu'il avait dépensé avec d'autres femmes que la sienne. C'était un ménage qui manquait d'équilibre ; grâce au colonel Frédéric, l'équilibre se rétablit, et le vicomte de Lagarde fut doublement heureux de l'amour qu'il se trouva à lui et qu'il trouva à sa femme. Tout alla pour le mieux jusqu'à l'hiver.

Bientôt vint l'hiver, et il fallut quitter la campagne ; bien que Prosper n'eût pas recommandé à ses amis du déjeuner de garder le silence sur son aventure, tout Paris en était déjà instruit. Les deux époux s'attendaient donc à bien du bruit et du scandale de salon.

Mais il se trouva au contraire que les hommes, voyant Prosper à côté de sa femme, lui donnant la main en public, heureux de lui parler à cœur ouvert, saluèrent le vicomte comme le plus habile des époux, comme le Talleyrand des ménages ; les femmes le proclamèrent unanimement homme d'esprit, en sorte que le vicomte de Lagarde, avec sa laideur, son esprit assez médiocre suivant toute apparence, trouva le moyen de se rendre intéressant auprès des femmes. A les entendre, celui-là était vraiment un homme à part ; il avait connu la finesse et l'originalité du sentiment ; il devait penser, sentir, aimer, haïr autrement que tout le monde.

Il y avait déjà longtemps que le colonel Frédéric, pour s'être vanté dans un cercle de jeunes gens de la conquête de la petite vicomtesse, s'était vu provoquer par un jeune Anglais, amant respectueux de l'imprévu, qui l'avait blessé pour lui apprendre à vivre. La vicomtesse, jolie et jeune, et compromise qu'elle était par cinq témoins et par un duel, n'eut plus de ce jour-là ni poursuivants d'un âge mûr, ni jeunes poitrinaires attachés à ses pas, ni rivales dangereuses. Les femmes se jugeaient aisément supérieures à elle et gardaient la conscience de leur vertu. Quant aux hommes, ils portèrent ailleurs leurs soupirs et laissèrent le vicomte en repos. Et pourquoi voulez-vous que les hommes se mettent à soupirer quand la plus douce faveur qu'ils puissent obtenir est déjà divulguée; quand il n'y a plus ni secret, ni larcin, ni honneur marital à dérober; quand il n'y a plus rien de ce qui donne du prix et de l'éclat à une conquête de femme? Cette femme était épuisée par l'intrigue; qui en voulait?

Le jeune couple fut donc à la mode tout l'hiver, et se vit accueilli dans les salons les plus sévères sur les bienséances, les plus fidèles à la pruderie de l'étiquette.

On les reçut comme deux étrangers qui ignoraient encore nos usages et nos mœurs.

Personne ne se plaignit cette année-là parce que la conversation ne tarit jamais, et on cita aux nouveaux mariés, comme un modèle de félicité conjugale, un ménage où la femme ne s'était permis qu'une seule erreur. Plusieurs époux voulurent user du même moyen, mais il se trouva que les femmes avaient déjà pris les devants.

Et ceux-là furent les moins malheureux.

# LES DEUX DUELS

Nous étions allés pour nous battre au bois de Boulogne ; je me battais contre Bernard, mon ami, qui est resté mon ami depuis : il m'avait demandé la réparation d'une offense, et il faut que l'offense ait été en effet bien grande, puisque je ne m'en souviens plus. Nous allions donc bras dessus, bras dessous, moi les bras libres et le corps alerte, faisant craquer sous mes pas les feuilles jaunes et tombantes de l'automne ; Bernard marchait de l'autre côté de la route, les mains croisées derrière le dos, et pensant profondément. Bernard y allait gravement à vrai dire, car à toute force il voulait me tuer au bout de la promenade ; moi, au contraire, j'y allais nonchalamment et sans trop de réflexion, car, sur ma foi, je ne voulais pas tuer Bernard, non, sur ma foi ! Aussi je n'en voulais pas à Bernard, quoique ce fût moi qui l'eusse offensé.

Nos témoins, bonnes gens et gens de cœur, nous suivaient à distance par derrière, se parlant tout bas, et fort tristes ; car ils nous aimaient tous deux, et ils pensaient avec effroi à l'instant fatal où l'un de nous serait couché par terre avec une balle dans le ventre ; et puis ils pensaient pour moi, ingrat ! pour nous, ingrats ! à nos vieux parents à qui nous ne pensions pas, et à nos belles soirées de l'automne qui allait revenir, et aux chagrins profonds d'Augustine et d'Élisa. Nous allions donc, et vraiment la route est longue ! J'ai toujours admiré ceux qui vont se battre en voiture ; le moindre cahot leur jette le frisson dans l'âme, tout leur courage se replie sur eux-mêmes, et leur pèse comme un plomb sur le cœur. Au contraire, aller à pied avant de se battre, cela fait circuler le sang ; vous vous accoutumez au soleil, à la poussière, au bruit ; vous vous racontez à vous-même ce que vous avez encore à vous dire : c'est un voyage d'agrément au bord de quelque cataracte qu'on espère bien franchir sans accident ; c'est le paysage du pont du Saint-Esprit.

Arrivés au bois de Boulogne, à la porte Maillot, nous fîmes semblant de nous séparer. « Nous allons chercher un bon endroit, dit le capitaine Reynaud.

— Oui, oui, un joli endroit, » dit Bernard.

Et nous voilà nous enfonçant dans les allées tortueuses, pendant que le bois est sillonné de toutes parts : chevaux anglais, calèches remplies de femmes, tilburys légers et favorables au tête-à-tête en public, c'est admirable ! On est seul à côté d'elle, serré près d'elle ; on la voit, on la sent, on la touche, on l'aime. Vous allez rapide comme le vent, et, tremblante, son voile et ses cheveux viennent frapper sur votre visage. Le cheval lui-même comprend tout ce bonheur et n'en va que plus vite, le noble animal !

J'étais arrivé sur la lisière de l'allée qui fait face à la Muette, et, ne songeant plus à ce que j'étais venu faire au bois, je regardais au loin sous le feuillage, quand je vis passer... O bonheur ! elle était seule dans sa voiture, dans sa voiture fermée encore, ma belle artiste italienne Fanny. Je la devinai plutôt que je ne la vis ; je la devinai à son écharpe rose et au museau noir de son petit chien, qui tenait sa tête à la portière, appuyée sur l'écharpe, et qui regardait l'automne passer.

Vraiment ! vraiment ! moi qui étais venu là sans haine, je ne sentis plus que mon amour ; et, la voyant si près de moi, ma belle artiste, j'oubliai à l'instant combien j'étais loin d'elle ; je voulus me précipiter sur la voiture, qui tout à coup se retourna et vint à moi. Je m'élançais vers elle, quand Bernard me retint avec sa grande main et son air solennel :

« Ce n'est pas là qu'il faut aller, me dit-il, mais par ici, me montrant le coin du bois.

— Oh ! lui dis-je, Bernard, je te tuerai tout à l'heure si tu veux, ou tu me tueras, comme tu voudras, peu importe ; mais laisse-moi lui dire bonjour. C'est Fanny, tu la connais, Fanny ; tu as soupé avec elle chez moi il y a quinze jours, tu l'as accompagnée sur ton violon quand elle a chanté ; tu lui as parlé italien et espagnol ; tu lui as parlé tout bas tant que tu as voulu... Laisse-moi aller dire adieu à Fanny. » En même temps la voiture de Fanny s'arrêtait à mes pieds. Elle écarta de la main son petit chien, et, mettant à son tour son joli museau à la portière :

« Bonjour, Bernard ; bonjour Gabriel, me dit-elle ; toujours à vous, Messieurs, toujours inséparables. Et où allez-vous ? » En même temps elle me tendait la main avec son charmant sourire de Napolitaine, tout bruni par le soleil. Comme elle me tendait sa main, Bernard la baisa.

« Fanny, lui dit-il avec une familiarité qui me surprit fort, si vous voulez faire encore quelques tours dans le bois, nous avons, Gabriel et moi, quelques affaires à régler; puis nous sommes à vous, Fanny, et, si vous voulez, ce soir nous chanterons ensemble le duo de *Matilda di Sabran.* »

Fanny, bonne femme et qui prend son parti tout de suite, consentit à se promener encore; elle me dit adieu en regardant Bernard et en me donnant sa main. Cette fois seulement je me souvins que j'étais venu pour me battre, et je dis à Bernard : « Marchons ! »

Nous fîmes un détour à gauche. En me retournant, je vis Bernard qui suivait de l'œil la voiture de Fanny. Quelque chose était encore à la portière qui regardait Bernard. Je ne sais pas si c'était l'épagneul ou Fanny qui regardait Bernard.

Quand nous arrivâmes au milieu du sentier, tout était prêt; aucun étranger ne paraissait. Les promeneurs français ont cela de bon, c'est qu'ils sont discrets quand il faut; ils respectent un rendez-vous de duel à l'égal d'un rendez-vous d'amour. Du reste, nos témoins étaient des gens à ne pas reculer, non plus que nous; les armes étaient chargées, les distances étaient arrêtées, chacun de nous se mit à sa place, et nous levâmes nos pistolets en l'air...

Bernard me dit de loin (nous étions à vingt-cinq pas) :

« Tire le premier ! » Je dis à Bernard : « Tirons en même temps ! » et alors le capitaine Reynaud donna le signal dans ses deux grosses mains... Un ! deux ! trois ! j'attendais que Bernard fît feu. Un, deux, trois, rien ! Bernard ne tira pas, ni moi non plus. « Tu es d'une insigne fausseté, » me dit Bernard. Mais sans regarder Bernard, je dis au capitaine Reynaud :

« Capitaine, jamais je ne tirerai sur Bernard.

— Eh bien ! dit Bernard, à toi, Gabriel. »

Il tira, et il fit un grand trou à mon chapeau ; la balle fit le tour de la coiffe.

« Tu n'es pas mort ? me dit Bernard. — Non, lui dis-je. — Eh bien, tant mieux, dit-il, embrassons-nous. » Et en même temps il vint à moi, me tendant les bras, et il m'embrassa à m'étouffer.

Puis, voyant mon chapeau tout brûlé et ce grand trou à deux pouces du front :

« J'ai bien tiré, dit-il, n'est-ce pas ?

— Oh ! lui dis-je, c'est bien tiré ; heureusement c'est mon vieux chapeau que j'ai mis ce matin, et cela me fâche beaucoup moins que si c'était le neuf.

— Eh bien, dit Bernard, prends mon chapeau qui est tout neuf et donne-moi le tien, que je le garde comme un souvenir de notre réconciliation et de notre éternelle amitié. »

Les témoins applaudirent beaucoup à la sublime résolution de Bernard. Moi, qui sais que Bernard est plus pauvre que moi, j'étais honteux d'échanger mon vieux chapeau contre le sien, tout neuf; mais Bernard me dit avec tant d'empressement : « Donne-moi ton chapeau! » que je lui donnai mon chapeau. Il le mit sur sa tête, il me donna le sien ; puis, saluant les témoins, il s'en alla tout droit devant lui, aussi fier et la tête aussi droite que s'il eût gagné la croix d'honneur à la bataille d'Austerlitz.

Nous attendîmes Bernard un quart d'heure sur la lisière du bois, ne sachant ce qu'il était devenu ni où il était allé. Au bout d'un quart d'heure, nous vîmes repasser la voiture de Fanny, et dans la voiture de Fanny, à côté d'elle, Bernard, et sur les genoux de Bernard le chien de Fanny, et sur les genoux de Fanny le chapeau troué que m'avait pris Bernard. La voiture passa si rapidement que j'eus à peine le temps de saluer Fanny avec le chapeau neuf de Bernard.

Nos témoins n'y comprenaient rien; mais j'étais très-heureux de comprendre la belle action de Bernard. Il parle de moi à Fanny, me dis-je à moi-même; il raconte à Fanny le danger que j'ai couru, et sur mon chapeau troué il répand les larmes de Fanny. Digne Bernard! J'étais si attendri de sa belle action que j'avais regret qu'il ne m'eût pas frappé au cœur.

N'ayant plus l'espoir de revoir Bernard, nous reprîmes tous le chemin de la ville. Nous étions tous d'une grande gaieté pour plusieurs raisons différentes : nos témoins, parce qu'ils n'avaient pas vu couler le sang ; moi, parce que j'étais réconcilié avec Bernard, et que Bernard plaidait sans doute ma cause auprès de Fanny. Chemin faisant, nos témoins parlèrent naturellement de combats singuliers, de duels à mort, d'offenses lavées dans le sang. Ils racontèrent de longues histoires dans lesquelles le pistolet, l'épée, le sabre, le poignard, jouaient des rôles plus ou moins importants.

« Tous ces duels que vous racontez là, dit le capitaine Gaudeffroi, sont des duels de terre ferme, qui n'ont rien d'extraordinaire et qui ne ressemblent en rien à un duel à mort en pleine mer, sur le vaisseau *la Belle Normande,* dont j'ai été le témoin, moi centième, quand j'étais aspirant de marine, il y a de cela longtemps ; le duel eut lieu entre le capitaine même du vaisseau et un jeune Anglais, qui avait été assez outragé pour qu'il eût le droit d'en demander raison sur-le-champ. Le capitaine, qui était peu fort sur la discipline, lui avait promis satisfaction en vue du port, et l'autre attendait satisfaction depuis un mois, quand enfin on vit le port. Mais l'histoire est longue à raconter, dit Gaudeffroi, très-longue, et si vous ne voulez pas vous asseoir sous le bouchon poudreux de l'estaminet des *Deux Amis,* jamais je n'aurai la force de vous la raconter jusqu'au bout. »

Alors nous nous assîmes sous le bouchon des *Deux Amis,* à l'ombre grêle et mince d'un jeune peuplier qui dépassait déjà la maison de toute la tête, et le capitaine Gaudeffroi nous raconta, à peu près en ces termes mais plus longuement, l'histoire du duel en pleine mer :

« Ils avaient passé la nuit dans le même hamac; le même roulis les avait bercés dans leur lit comme une mère attentive son jeune enfant pour l'endormir. A voir ces deux hommes ainsi rapprochés et réunis, personne n'aurait pu dire que le lendemain l'un d'eux devait mourir de la main de l'autre; cependant telle était, en effet, leur destinée, et à peine le vent frais du matin et le cri des gardes qui se relevaient leur eurent-ils annoncé l'aurore, qu'ils se précipitèrent tous les deux, se préparant à s'égorger avec toute la dignité d'hommes d'honneur.

« L'un de ces hommes n'était rien moins que le capitaine du navire, plein de force et de vie, de cette vie de la mer qui donne aux marins quelque chose de si énergique dans la passion ; on voyait aux regards de cet homme que son ennemi était mort s'il était terrassé. Du reste, le sourire était encore sur ses lèvres ; son coup d'œil parcourait dans leurs moindres détails les moindres parties de son navire ; il alla, comme à son habitude, étudier la boussole, interroger le pilote, donner ses ordres à son conseil ! Il n'y eut pas un matelot qu'il ne passât en revue, pas une voile qu'il ne fit mettre en ordre ; c'était le même homme actif, prévoyant, impérieux, réfléchi ; pourtant, avant une heure, il allait jouer à pile ou face la vie ou la mort.

« Son adversaire n'était pas comme lui homme d'épée ; son habit marron, son chapeau de bourgeois, sa cravate élégante minutieusement attachée par un rubis, tout en lui annonçait un jeune homme anglais ou parisien, plus habitué à nos fêtes de chaque jour qu'au spectacle imposant et monotone d'un vaisseau roulant dans la mer. Ce jeune homme, à dire vrai, avait l'air soucieux, mais ce n'était, à tout prendre, rien que de l'ennui ; et, mélancoliquement assis sur le pont, il étudiait encore, d'un regard qui pouvait être le dernier, ce ciel brumeux entrecoupé de nuages, ces flots d'un blanc verdâtre dont le soleil parait sortir, ce mouvement actif et silencieux d'une armée de matelots qui, renfermés dans les flancs d'un navire, n'ont plus d'instinct que pour obéir à la voix d'un seul homme. Vous voyez donc que, des deux parts, le combat était irrévocablement arrêté.

« Quand le capitaine eut donné tous ses ordres, il vint sur le pont retrouver son adversaire; à son premier signe, le jeune homme se leva et, quoiqu'il fût de moindre stature que son ennemi, il n'était pas difficile de voir qu'il avait du cœur et que, lui aussi, il avait bien compris que la vie était une amère plaisanterie, un frivole jouet dont il est permis à l'homme de s'amuser comme il l'entend. Qu'importe après tout que ce jouet soit brisé à la poursuite d'une maîtresse, ou par les fureurs de l'ambition, ou par les plaisirs de la table, ou par les délicieuses et inquiètes émotions du duel?

« Justement un calme plat venait d'arrêter le navire; les premiers rayons du soleil naissant semblaient avoir enchaîné tous les vents; alors la voile s'était repliée contre le mât, comme une robe de gaze se replie sur le corps gracieux d'une jeune fille; alors tout le navire était venu assister à ces jeux sanglants. On voyait arrêtés sur le pont les plus vieux marins, véritables enfants de la mer, respectables par leur ancienneté et leurs voyages aux lointains pays; derrière eux s'étaient rangés les jeunes aspirants avec ces corps fragiles que le travail n'a pas encore durcis, et ce visage pâle si vivement éclairé par un œil noir et plein de feu. L'état-major était à côté de son capitaine comme pour lui servir de témoin dans une circonstance aussi solennelle, et, si vous aviez levé la tête, vous auriez aperçu tout au haut des mâts, grimpés sur les cordages, les jeunes mousses au sourire insouciant qui, le corps penché et prêts à se précipiter dans les abîmes, considéraient avec effroi le premier duel dont ils eussent entendu parler.

« Cependant le jeune homme était seul de son côté; pas un vœu pour lui, pas un battement de cœur en sa faveur, pas même un moment de doute sur ce qui allait arriver de sa personne, tant on était persuadé, dans le navire, que c'était un acte de folie de vouloir se battre sur un vaisseau de l'État, contre son capitaine, quand soi-même on n'était pas marin.

« Aussi bien, quand les épées furent tirées, le jeune homme s'aperçut-il qu'il n'était pas sur la terre ferme; le roulis du vaisseau faisait trembler sa main, et c'était un homme mort si le capitaine, comprenant ce désavantage, n'eût jeté son épée à la mer en demandant ses pistolets. Quand on eut décidé à qui tirerait le premier, un coup se fit entendre, faible et perdu dans le bruit des flots, à la marée montante. Cependant, sous ce faible coup, le capitaine venait de tomber ; il était mort comme s'il eût accompli un acte ordinaire de la vie, gourmandant encore un de ses gens dont l'habit était troué.

« Quant à son meurtrier, que devint-il ? Au moins, quand vous vous trouvez sous les ombrages riants du bois de Boulogne ou au milieu des carrières de la barrière d'Enfer, une fois que votre ennemi est mort et que votre honneur est vengé, on vous entraîne loin du champ de carnage, vous fuyez cette odeur de sang ; vous laissez aux parrains de la victime le soin de relever son cadavre et d'aller annoncer à sa mère, à son épouse éplorée qu'elles n'ont plus ici-bas que des larmes à répandre ; mais, à bord d'un vaisseau, quand tout est mer ou ciel autour de vous, une fois votre victime égorgée, il faut la voir mourir lentement, il faut entendre ce dernier râle de la mort que rien ne peut arrêter ; il faut assister à ces derniers battements d'un cœur que la vie abandonne à regret, il faut écouter les planches sonores retentir des derniers efforts de cette horrible agonie ; et quand il n'y a plus ni pouls, ni cœur, ni haleine, quand il ne reste sur cette jeune tête que le dernier et ineffaçable sourire d'une vengeance trompée, alors il faut assister soi-même aux funérailles du marin, il faut tenir soi-même un morceau de la voile qui lui sert de linceul ; il faut prêter main-forte pour jeter dans la mer cet homme qui naguère, sur son léger navire, commandait aux vents et à la mer.

« Dans quelles angoisses il dut se trouver, ce malheureux jeune homme, quand il vit les flots s'entr'ouvrir (sépulture complaisante) au cadavre encore chaud qu'on leur jetait, quand il entendit le canon et les cris plaintifs de l'équipage qui faisaient au mort les derniers adieux, quand il vit le vaisseau reprendre sa course, tracer de nouveau sur les ondes ce sillon qui s'efface si vite, et qu'il se retrouva seul au milieu d'un épouvantable silence et de ce deuil général dont il était la cause et qu'il lui fallait supporter. »

Ainsi parla le capitaine Gaudeffroi. Son récit parut faire une vive impression sur tous les témoins de notre misérable duel en terre ferme ; moi seul, ingrat que j'étais, je trouvai que le digne capitaine parlait beaucoup ; j'étais tout entier à Bernard, tout entier à Fanny.

A la fin, la nuit tomba ; nous nous séparâmes tous, fort heureux de notre journée ; moi, je courus dans tout Paris chercher Fanny et chercher

Bernard : aux Bouffes, chez Julie, chez Cyprien, partout. Partout ni Fanny, ni Bernard. Épuisé de fatigue, je rentrai chez moi et je m'endormis jusqu'au lendemain, tant j'avais de chagrin et de dépit.

Le lendemain arriva Bernard.

« Où donc étais-tu ? lui dis-je ; je t'ai cherché hier tout le soir.

— Mais, reprit-il, j'étais à *Mithridate,* au Théâtre-Français, avec Fanny.

— Et qu'a dit Fanny de ton chapeau percé, Bernard ?

— Elle a dit que tu étais un grand drôle d'avoir tiré si juste sur ton ami, dit Bernard, et ma foi ! elle ne veut plus te revoir depuis ce temps-là ; elle te trouve trop cruel. »

Et, en effet, dès ce jour-là Fanny ne voulut plus me voir ; elle oublia que c'était moi qui lui avais présenté Bernard, et elle ne voulut plus que Bernard ; elle garda *son* chapeau troué pendant plus d'un grand mois au chevet de son lit. Et voilà comment, à ce malheureux duel, je gagnai, moi, un chapeau neuf, et Bernard les bonnes grâces de Fanny.

Il est vrai que j'eus par-dessus le marché l'histoire du capitaine Gaudeffroi.

# LA SOEUR ROSE
# ET LA SOEUR GRISE

### CHAPITRE INÉDIT

### DES MÉMOIRES DU DIABLE

## I

C'était il n'y a pas huit jours; l'automne, pluvieuse, froide et sombre, avait jeté son manteau de nuages sur la terre; la nuit était noire et triste, on eût dit que l'hiver était venu tout d'un coup et sans crier *gare*, pour ne plus s'en aller; le vent sifflait, l'arbre mugissait, la feuille tombait à moitié jaunie. — Par cette triste nuit, je me promenais seul dans ce beau parc de Saint-Cloud dont les allées superposées ne ressemblent pas mal à une immense échelle de verdure. Sous ces arbres, et jeté dans un coin, le château se cache d'ordinaire ; il est assez difficile à découvrir, même en plein jour ; mais, cette nuit-là, le château étincelait de mille feux ; on comprenait que la vie, la pensée, la fête, la joie, les graves soucis, les inspirations puissantes, étaient là-bas dans ces murs. — Et voilà justement pourquoi j'avais le courage, à cette heure, seul par cette nuit funeste, de me promener dans le parc de Saint-Cloud.

Vous savez que pour atteindre à la *Lanterne de Démosthènes* (par quel caprice a-t-on ôté à Diogène sa lanterne ?), qui est le point culminant du parc, il y a plusieurs façons de s'y prendre : la plus simple, c'est de suivre l'allée d'en bas et de monter par la pente d'eau à l'allée supérieure, et, au bout de cette allée, d'en prendre une autre plus élevée, et toujours ainsi, comme on ferait pour monter le grand escalier de Versailles. Ceci est la manière vulgaire ; mais pour arriver à cette fameuse lanterne, d'où la vue embrasse tout Paris, sans rencontrer un homme, il est une autre route admirable et difficile, que vous avez tous prise dans votre jeunesse en poussant des cris de joie : ce beau chemin de la jeunesse consiste à aller tout droit devant soi par des sentiers non frayés.

Tout au bas de la montagne vous levez la tête, et, tout en regardant un certain point du ciel, une fugitive étoile, votre étoile de dix-huit ans, vous vous dites à vous-même : « J'irai là ! » Et comme vous le dites vous le faites ; vous allez par les ronces, par les ravins, par les gazons, par les sables : vous grimpez toujours ; quelquefois un rocher se présente, vous gravissez le rocher ; quelquefois c'est un gros arbre, vous escaladez le gros arbre ; c'est là vraiment une course au clocher pour laquelle on n'a jamais assez de bras, assez de jambes, assez de souffle. A mesure que vous montez, l'ombre s'épaissit autour de vous ; mais cependant, tout à vos pieds, vous découvrez comme un océan nébuleux dont les vagues montent jusqu'à vous ; si bien que, grâce à ce mirage fantastique, toute retraite devient impossible, et qu'il vous faut grimper, grimper encore, grimper toujours. — Et voilà justement le chemin que j'avais pris cette nuit-là pour me promener dans le parc de Saint-Cloud.

Mais, par ce sentier difficile, si vous saviez que j'avais une belle escorte ! Je voyais s'élever devant moi, comme Jacob à son échelle, une blanche myriade de beaux anges, tous les anges profanes qui, dans nos beaux jours, avaient ainsi escaladé avec nous la montagne, le nez au vent, les cheveux épars, le sein haletant, la lèvre entr'ouverte. — Nous étions jeunes alors, elles et nous : elles poussaient de petits cris joyeux dans les airs ; elles allaient à la conquête, et leur écharpe leur servait d'oriflamme ; elles faisaient bien des faux pas dans cette route, mais elles se relevaient plus animées et plus fières. Cette nuit-là, il me semblait les revoir et les entendre toutes, ces beautés évanouies. Ainsi escorté, je marchais dans leur sillon comme autrefois ; comme autrefois je leur tendais la main, je les encourageais du geste, je les appelais à ma suite, et telle était la puissance du souvenir que j'arrivai ainsi tout au sommet de la montagne sans m'apercevoir que j'étais seul.

Tout en face de la *Lanterne de Démosthènes* est une terrasse ; de cette terrasse, quand il fait nuit, on domine un abîme ; vous voyez tout au loin comme une masse immense d'un papier chargé d'esprit et de blasphèmes qu'on viendrait de réduire en cendres ; dans ces cendres noires brillent un instant et s'éteignent de petites étincelles, faibles lueurs agonisantes qui disparaissent pour toujours. Pourtant cette masse noire c'est Paris ; ces étincelles qui brillent et disparaissent, c'est l'âme, c'est la pensée de la ville éternelle qui s'endort pour se réveiller peut-être demain. J'en étais là de ma contemplation quand je sentis sur mes deux yeux deux petites mains, mais si froides!... Quand je dis froides, l'une de ces mains était brûlante ; c'était une sensation incroyable et que nul ne saurait définir. La main glacée était rude au toucher, et comme si elle eût été recouverte d'un duvet nouvellement tondu ; la main brûlante était fine et douce comme la main d'une femme de quarante ans. En même temps je sentis que cette créature invisible était assise derrière moi et je l'entendis me dire tout bas, mais d'une voix mordante : « Devine ! — C'est le diable ! » m'écriai-je aussitôt. Et lui, me rendant l'usage de mes deux yeux : « Bien deviné, mon secrétaire Théodore ! »

Moi, sans me déconcerter : « Et voilà justement, mon maître, ce qui vous trompe ; je ne suis pas votre secrétaire Théodore, et bien m'en fâche ; je suis un pauvre homme à qui vous n'avez jamais rien dicté de bon, à qui vous n'avez pas raconté la plus petite histoire, pendant que vous accabliez en effet votre ami bien-aimé Théodore Hoffmann de toutes vos faveurs. Que diable ! Monseigneur, on n'est pas partial comme vous l'êtes ! Boiteux ou non boiteux, vous avez pénétré dans toutes les maisons et dans toutes les âmes ; pas un toit, pas une conscience qui aient un secret pour vous ; vous savez l'histoire de l'humanité tout entière ;

vous l'avez étudiée sous son aspect le plus triste, mais aussi le plus fécond ; vous êtes, sans contredit, le plus grand observateur de ce monde ; et quand vous voulez écrire vos commentaires vous n'appelez à vous, tous les cinquante ans, qu'un secrétaire unique ! Vous laissez vos autres serviteurs se morfondre à votre porte et deviner, tant bien que mal, quelques-uns des merveilleux mystères que vous prodiguez à votre favori ! N'avez-vous donc pas appris que César fatiguait quatre secrétaires ?

> Tel autrefois César en même temps
> Dictait à quatre en styles différents.

Tout beau donc ! laissez-moi en repos me raconter à moi-même les belles histoires que je sais tout bas dans mon cœur ; et, si vous avez du temps à perdre, allez réveiller votre secrétaire Théodore, qui dort sur ses deux oreilles et sous quelque table de cabaret à l'heure qu'il est.

— Là ! là ! dit le diable avec cet air goguenard que vous savez ; ne nous fâchons pas si rouge ! Il est vrai que j'aime mon ami Hoffmann ; c'est un puissant esprit qui lutte avec moi de finesse et de naïveté, et qui n'a jamais tremblé ; je ne connais pas d'homme qui prenne plus au sérieux les récits les plus épouvantables ; il aime l'odeur du soufre comme d'autres l'odeur de la rose. Enfin je l'aime; mais toi, mon fils, je ne te hais pas non plus. Tu m'as rendu quelques bons offices, et sans me connaître, que je n'ai pas oubliés ; le premier, tu as pris en main la cause du roi Louis XV (j'ai son âme) et de ses maîtresses, et j'ai dit en parlant de toi : *Voilà un bon compagnon!* tu aimes le rouge et les mouches, l'odeur du musc ne te déplaît pas ; or, en morale, du rouge des femmes à la queue du diable, des mouches aux cornes, du musc au soufre, il n'y a qu'un pas. Ce que tu n'as pas assez, à mon gré, et ce qui te manque pour que jamais tu sois digne d'écrire sous ma dictée, c'est la croyance : tu ne crois à rien; tu as beau faire, c'est dans ton sang. Tu ne crois pas au diable, comment veux-tu que le diable croie à toi ? Même à présent tu me regardes, tu me flaires, tu ouvres de grands yeux, comme si j'étais un phalanstérien, un humanitaire, une ci-devant Muse de la patrie. Rassure-toi, mon fils, je ne suis que le diable; et puisqu'il fait nuit, puisqu'il fait froid, je te raconterai une histoire si tu veux. »

Comme il disait ces mots, je me rappelai que Frédéric Soulié, dans les *Mémoires du Diable,* que le diable lui a inspirés à coup sûr dans l'un de ses meilleurs instants de verve, d'esprit, d'insolence et de cruauté, nous raconte une des habitudes favorites de son héros, et je cherchai dans ma poche un cigare. Le diable devina ma politesse. « Tiens, me dit-il, en m'offrant un morceau de bois mort, fume-moi cela... » En même temps il tournait dans ses doigts des branches de saule ; il frottait dans le creux de sa main un des bouts de ce cigare improvisé, et nous voilà fumant comme deux frères. Seulement je remarquai fort bien que le diable, cet homme qui ne fait rien comme les autres hommes, mettait dans sa bouche le bout du cigare tout allumé, — particularité remarquable que Frédéric Soulié a oublié de consigner dans leurs *Mémoires*.

« Maintenant, reprit le diable, que veux-tu que je te raconte ? » Puis, devinant ma pensée : « Oh ! me dit-il, tout ce que tu voudras, excepté cela. Non, ce n'est pas moi qui te raconterai tout ce qui s'est passé, il y a cinq ans, dans ce palais aujourd'hui si calme ; non, ceci n'est pas une histoire en l'air qui se raconte de diable à homme ou d'homme à diable ! Il y a, dans un pareil récit, trop de dangers pour que moi-même je les veuille affronter. Un trône perdu, et ce trône est le trône de France ! un vieillard qui s'en va mourir au loin dans un si triste exil ! Marie-Thérèse d'Angoulème, une sainte qui est sur la terre et qui m'a fait pitié à moi-même ! et enfin un enfant, un pauvre enfant chassé de ces bosquets comme la feuille jaunie de l'automne!... Non, je ne raconterai pas toutes ces douleurs ; mais parlons d'autre chose si tu veux. »

Ainsi parlant, le diable détournait la tête des hauteurs de Saint-Cloud, où ma pensée l'avait porté malgré lui (il y a des pensées si étranges, des désirs si violents, qu'ils sont plus puissants que le diable). Moi, à mon tour, obéissant involontairement à cet être assis à mes côtés, je jetai les yeux sur l'étroit et rude sentier que j'avais parcouru pour arriver jusqu'au lieu où j'étais assis. Le sentier, tout à l'heure si sombre, était illuminé par une clarté douteuse. Dans cette lumière blafarde s'agitaient plusieurs personnes, hommes et femmes, occupés à tous les soins de la vie de chaque jour. Ces hommes étaient devenus gros et lourds ; ces femmes avaient perdu depuis dix ans le charmant embonpoint et la douce pâleur de leur seizième année ; les uns et les autres étaient occupés de mille soucis cruels, de mille ambitions mesquines, de mille désirs puérils.

« Quelle est donc cette vilaine troupe ? m'écriai-je.

— Eh! dit le diable, c'est la troupe chantante et dorée qui, tout à l'heure, t'accompagnait dans l'ombre à travers les buissons, en chantant de folles chansons d'amour ; ce qui te prouve, ajouta le diable en me prenant le bras, que lorsqu'on fait tant que de jeter un regard en arrière, c'est une grande imprudence de ne pas aller au delà de quelque dix ans. Dix années de moins, c'est quelque chose de si mesquin et de si triste, c'est un passé si misérable qu'on se fait horreur à soi-même. Autant vaudrait dire à l'horloge qui vient de sonner minuit : *Sonne encore!* L'horloge ne t'apprendrait guère que ce que tu sais déjà, à savoir qu'il est minuit. Quand donc tu veux évoquer le passé, fais en sorte que ce passé soit si loin de toi que tu ne sois pas compromis dans cette solennelle évocation. Allons, c'en est fait, et, puisque tu le veux, ces vieux hommes de trente ans et ces vieilles femmes de vingt-cinq ans vont disparaître. Je ne viens pas ici pour te chagriner. »

En même temps il soufflait sur le sentier et toutes ces tristes figures disparaissaient, et je ne voyais plus, accrochés aux branches flexibles, que quelques bouts d'écharpes bleues et blanches, et sur le gazon des pas légers, et dans les airs de petits cris de joie ; et je compris que, pour évoquer la jeunesse évanouie, il y a en nous quelque chose de plus puissant que le diable : c'est le cœur !

Le diable entendit ma pensée.

« Maintenant, dit-il, il faut que je commence mon récit; aussi bien, voilà assez longtemps que je le prépare. Dans ces amas de maisons noires, non loin du dôme des Invalides qui ne ressemble pas mal, vu d'ici, à la marmite renversée de quelque pacha à trois queues, dans ces rues qui s'entre-croisent de mille façons diverses, entre deux jardins, à côté d'un ancien couvent de carmélites, vois-tu ?...

— Je ne vois, lui dis-je, qu'une masse noire, informe, cachée, faiblement éclairée par quelques feux follets qui s'éteignent en voltigeant.

— Eh bien donc, regarde », me dit-il.

En même temps il plaçait devant mon œil droit, en guise de lorgnon, cette main glacée dont je vous ai parlé tout à l'heure. Cette main produisit sur mon nerf optique un effet incroyable. M. Arago, au sommet de cette tour où il veille sur les comètes errantes, tout prêt à leur indiquer leur route, n'a pas d'instruments d'une optique plus claire et plus infaillible.

« Oui, m'écriai-je, maintenant je vois le dôme des Invalides ! Il reluit comme l'armet de Mambrin sur le crâne de don Quichotte. Je vois, au bout d'une rue, à la droite de l'hôtel, une maison en ruine, et cette maison est encore toute remplie de cellules, dortoirs, réfectoires ; et, — l'horrible aspect! — voici un terrible cachot, sans air, sans lumière, sans espoir!

— Regarde toujours, disait le diable. Que vois-tu?

— Je vois maintenant qu'un mur épais sépare ce monastère d'une maison calme, sombre et tranquille. Les murs de cette maison conservent encore des vestiges non équivoques d'un grand luxe; les plafonds sont chargés d'amours à demi nus et de Vénus plus nues que les amours; sur ces murailles brillent encore, à demi effacés, des chiffres, des emblèmes. C'est là un contraste éclatant avec ces autres murailles froides, inanimées, terribles, sanglantes. Mais où donc en voulez-vous venir, Monseigneur? »

Ici le diable frotta sa main sur sa poitrine, comme faisait sur son lorgnon le jeune dandy de l'Opéra quand cette belle et puissante Taglioni, notre regret à chaque soirée de l'hiver, descendait lentement du troisième ciel où elle était cachée parmi les fleurs. Il me parut que ce verre grossissant était devenu encore plus terrible.

« Regarde bien, ajoutait le diable. Vois-tu, dans la muraille qui sépare le couvent de cette élégante petite maison jadis consacrée à tous les vices, une porte habilement dissimulée, du côté du couvent par des clous de fer, du côté de la petite maison par des peintures lascives?

— Je vois en effet une muraille, dans cette muraille une porte presque invisible; à droite une cellule de religieuse, à gauche le boudoir d'une fille de l'Opéra. Mais, autant que j'en puis juger par la décoration que vous préparez avec tant de soins, vous allez, Monseigneur, me raconter une vulgaire histoire, moitié sacrée, moitié profane, qui se passe à la fois sous le voile de serge et sous le voile de gaze, — quelque sotte intrigue d'un marquis d'ancien régime avec une religieuse retenue dans ce cloître par des vœux éternels. S'il en est ainsi, seigneur diable, vous pouvez rengainer votre histoire; il y a longtemps que nous la savons.

— Impatient jeune homme! s'écria le diable en crachant le feu de son cigare. Avec leur rage de tout deviner, on ne pourra bientôt plus raconter une honnête petite histoire! Je veux cependant te raconter mon histoire, ajouta-t-il, et tu l'écouteras bon gré malgré. Tu es tombé entre mes griffes, il ne sera pas dit que tu en sois quitte à si bon marché. Prends donc ta peine en patience. Autrefois, pour te punir de ton impolitesse, j'aurais pris et emporté ton âme; mais qu'en faire aujourd'hui? j'ai des âmes à revendre. Écoute-moi donc et permets-moi, avant de faire agir mon drame, de disposer mon théâtre à mon gré. C'est bien le moins que moi, le diable, j'use des mêmes droits que le dernier faiseur de mélodrames, expliquant à son parterre comment le palais où vont entrer ses personnages a été bâti tout exprès pour cette fable dramatique; comment il y a ici une fausse porte, plus loin un souterrain; comment cette fenêtre donne sur les Alpes et cette autre fenêtre donne sur le mont Apennin; comment il y a un balcon à votre gauche, un précipice à votre droite. En même temps notre homme vous remet un trousseau de clefs tout comme dans le conte de la *Barbe-Bleue*. Si, par malheur, vous oubliez une seule des indications de l'architecte dramatique, si vous perdez une seule clef du trousseau... crac! il n'y a plus de mélodrame! C'est l'histoire des chèvres que passe le chevrier dans *Don Quichotte*. Je reprends donc mon récit.

« Ce couvent que tu vois là-bas, à côté de cette jolie maison, et qui est aujourd'hui occupé par un marchand de bois, était encore, avant 1788, rempli de religieuses carmélites qui vivaient dans toute la sévérité de leur ordre. Cette maison à côté, qui porte un écriteau : *Maison à louer*, et que personne ne veut louer parce que cette maison est trop éloignée du vice parisien et qu'elle n'a pu se façonner encore aux habitudes bourgeoises, était en ce temps-là une de ces petites maisons reculées où les grands seigneurs d'autrefois se venaient reposer de leurs excès commis en plein jour par d'autres excès nocturnes et cachés, s'étudiant ainsi à rappeler de leur mieux les belles nuits des petits appartements de Versailles. Sois tranquille, je ne te ferai à ce propos ni déclamation ni morale. Je n'ai jamais compris comment on pouvait avoir tant d'émotions de tout genre à propos d'un fait historique. L'historien qui se passionne pour ou contre l'histoire qu'il rapporte me paraît un insensé; le fait n'a pas besoin de commentaires par cela même qu'il est un fait. Mais ne remplaçons pas une déclamation par une autre déclamation. Donc, il y a de cela à peu près cinquante ans... »

A ces mots, prenant la parole :

« Halte-là, mon maître! m'écriai-je. Mais il me semble que vous n'êtes guère d'accord avec vous-même. Ne disiez-vous pas tout à l'heure que ce n'était pas la peine d'évoquer des souvenirs si voisins de nous, et qu'à coup sûr dans de pareilles évocations il n'y avait pour nous que des humiliations à recueillir?

— Je disais, reprit le diable, que je suis un fou

et un insensé de parler ainsi, dans la simplicité
de mon esprit, avec de pareils êtres, incomplets et
pétulants, qui ne savent rien et qui veulent tout
savoir. Il faut, en vérité, que je sois bien oisif
pour m'arrêter avec un auditeur de votre espèce,
qui m'interrompt sans respect à chaque phrase
que je commence! Me prends-tu donc pour un
faiseur de vaudevilles de bas étage? ai-je donc
l'air d'un poëte de carrefour? Apprends que ce
qui fait que le diable est le diable, c'est-à-dire que
le pouvoir est le pouvoir, que la volonté est la
volonté, c'est, au contraire, l'inexorable logique
des gestes et des pensées du diable; d'un être
comme moi, tout se tient : le commencement,
le milieu et la fin. Tout à l'heure, quand
tu détournais la tête avec effroi des grisettes,
des soubrettes, des comédiennes, des jeunes
femmes et des jeunes gens qui ont été les amis et
les compagnons de ta folle jeunesse, je t'ai expli-
qué comment tu avais eu tort d'évoquer ces dix
années de ta vie et comment, s'il est permis à
l'homme de revenir en arrière, ce n'est jamais en
passant du lendemain à la veille; mais à présent
que je te parle de cinquante ans, tu m'arrêtes et tu
me dis : « C'est trop peu encore... » Insensé !
comme si ces cinquante années ne comprenaient
pas une révolution, et comme si cette révolution

ne pouvait pas compter au moins pour trois siècles ! Dans ces cinquante ans dont je parle, l'humanité, c'est-à-dire l'homme et le diable, l'âme et le corps, la pensée et l'action ont plus vécu qu'ils n'avaient fait depuis le commencement du monde. Cinquante ans !... Mais je te méprise, et je reprends mon récit où je l'avais laissé.

« Donc, il y a de cela cinquante ans, plus ou moins, la vieille société française, minée au dedans, se croyait encore éternelle ; elle jouait avec les principes qui la devaient renverser de fond en comble ; elle appelait cela : *se jouer avec le paradoxe*. Cependant toutes choses étaient debout et avaient gardé une apparence de force et de vie incroyable : l'armée, l'Église, la ville, la cour, le parlement, l'aristocratie, les nobles et tout au bas le peuple, qui tremblait encore devant le lieutenant de police et qui avait peur de cette Bastille qui ne tenait plus qu'à un souffle. Voilà ce qui était, ou plutôt ce qui avait l'air de quelque chose. Au milieu de ce chaos organisé se tenait, immobile en apparence, mais déjà attendant l'heure du triomphe, une armée d'esprits révoltés, plus formidable mille fois que cette armée d'anges rebelles que Milton a chantés. Ah ! Satan ! Satan ! si tu avais eu à tes ordres une pareille phalange, Voltaire, Diderot, d'Alembert, Rousseau, Montesquieu, quelle trouée tu aurais pu faire dans la phalange céleste! Mais, pauvres diables que nous étions, nous n'avions pour nous battre que ce grand canon dont parle Milton. Pour qu'il eût porté loin, ce canon creux et vide, il eût fallu le bourrer avec les feuilles du *Contrat social*.

« Pardon, ajouta le diable, je crois que je m'oublie en vaines dissertations. Que voulez-vous? j'ai la tête si remplie de romans modernes, de drames modernes, de mémoires, de révélations, sans compter qu'on vient d'inventer une autre espèce de torture morale qu'on appelle *Histoire des salons de Paris!* C'est à en perdre la tête; mais on a la tête forte heureusement.

« Donc, il y a de cela cinquante ans, plus ou moins, vivait loin de Paris, loin de Versailles, un honorable gentilhomme plein de bon sens et de courage. Il avait tant de sens qu'il avait deviné que, pour ne pas périr si vite, l'aristocratie française aurait dû se défendre et non pas s'abandonner à plaisir; il avait tant de courage qu'il osa résister au double envahissement de la philosophie et du peuple. Dans l'incroyable délire qui s'était emparé de tous les gens de sa caste, le vieux comte de Fayl-Billot (c'était son nom) vivait seul avec ses tristes pressentiments. Il avait perdu son fils unique à la bataille de Fontenoy, et il en rendait grâce au ciel, car au moins savait-il à jamais son nom éteint, et, de ce côté-là, était-il sans inquiétude. Son fils mort, il lui restait deux filles, Louise et Léonore, d'un naturel bien différent : Louise c'était l'ange, Léonore c'était le démon ; l'une était si pure que jamais pensée mauvaise ne put approcher même de sa tête et même en songe ; l'autre était déjà pervertie à quinze ans. Toutes deux elles étaient belles de la même beauté... Mais je suis bien bon de me fatiguer à te faire des descriptions comme si j'étais un conteur ordinaire. Regarde plutôt. »

Je vis en effet, toujours à l'aide de cette main transparente du diable, dans un beau jardin du vieux temps, deux jeunes filles à peu près du même âge, — seize ans à peine. Je reconnus Louise au calme de sa belle figure, à la blancheur transparente de son teint, à l'éclat de son regard bleu comme le ciel ; je reconnus Léonore à la vivacité de ses regards, à la pétulance de sa démarche, à l'agitation impatiente de toute sa personne. Cette révolution qui couvait sourdement dans la nation française avait pénétré dans les recoins les plus cachés de ce peuple ; elle ne s'était arrêtée ni à la porte du temple ni au seuil des couvents ; elle fermentait dans les plus jeunes cœurs et dans les âmes les plus candides. En ce temps-là plus d'une jeune fille se relevait la nuit pour lire, à la lueur d'une lampe infernale, la *Pucelle* de Voltaire ou la *Religieuse* de Diderot ; c'était dans toutes les consciences, jeunes ou vieilles, un bruit sourd, frénétique, implacable contre les institutions reçues. Jamais je n'avais compris comment cette révolte du fait contre l'idée, du présent contre le passé, de la philosophie contre la loi était une révolte générale comme je le comprenais à cette heure en voyant la figure de Léonore ; jamais aussi je n'avais compris la beauté humaine dans toute sa perfection, la grâce dans toute son innocence, la vertu dans toute sa sérénité comme je les compris en voyant la douce figure de Louise.

« Comprends-tu, me dit le diable, ce que je veux dire à présent ?

— Oui, lui dis-je, rien qu'à voir les deux sœurs, je comprends que Louise c'est la jeune fille doucement épanouie au souffle de son seizième printemps, pendant que Léonore c'est la fleur violemment ouverte à l'agitation de toutes les passions intérieures.

— Voilà une métaphore bien ambitieuse, me dit le diable et qui ne vaut pas grand'chose. Je n'ai pas voulu te démontrer une métaphore, j'ai voulu te prouver que mon histoire était vraie, quoique bien étrange. La vérité de mon histoire est prouvée par le visage des deux sœurs; et que vos romanciers seraient heureux s'ils pouvaient voir ainsi avec l'œil de leur esprit les figures de leurs héroïnes! ils n'en seraient pas réduits à nous faire des descriptions si longues, si minutieuses et si obscures; ils verraient plus clair dans leur imagination et dans leur esprit.

« Malgré lui père de ces deux filles que tu vois là, le vieux comte de Fayl-Billot était un philosophe, mais un philosophe à sa manière. Quand ses deux filles eurent seize ans, il devina, aussi bien que tu viens de le deviner, les inclinations de l'une et de l'autre; évidemment, Louise serait la consolation de sa vieillesse, Léonore en serait le déshonneur. Il vit cela nettement, sans hésitation; il bénit Louise et il eut peur de Léonore; et, comme il avait déjà renoncé à son fils mort, il résolut de renoncer à cette fille vivante. En conséquence, il déclara à Léonore qu'elle ne mettrait pas le pied dans le monde et qu'elle resterait au couvent, aussi morte qu'on y pouvait mourir.

« Tu crois peut-être que Léonore s'épouvanta à cette nouvelle et qu'elle essaya de fléchir son père; c'était une intelligence trop ferme et trop énergique pour s'abaisser à prier qui que ce fût ici-bas ou là-haut, surtout à prier son père. Dans ce relâchement général de tous les pouvoirs, Léonore avait très-bien compris que l'autorité paternelle ne tenait qu'à un fil, non plus que l'autorité royale. Elle sentait dans sa propre conscience que l'édifice social était miné et qu'il allait tomber en ruines, et elle était sûre qu'au milieu de ces ruines elle saurait trouver une fente assez large pour s'échapper et pour être libre. Elle déclara donc à son père qu'elle prendrait le voile, et, en effet, elle prit le voile le jour même où sa sœur Louise se maria.

« Toute sa vie, Louise avait eu peur de sa sœur. L'ironie de Léonore flétrissait toutes choses autour d'elle, et jamais Louise n'avait compris qu'on pût rire ainsi, à tout propos, des croyances, des affections, des devoirs ; Louise était comme une pauvre fille échappée de Saint-Cyr, à la chaste tutelle de M$^{me}$ de Maintenon, et qui se serait trouvée jetée tout d'un coup dans les orgies de la Régence. Son père, qui l'aimait et qui avait porté sur elle toutes les affections de sa vie, maria cette fille bien-aimée à un beau jeune homme, le marquis de Cintrey, qu'on renommait en ce temps-là pour ses bonnes mœurs. Mais, hélas ! si tu savais, mon fils, quelles étaient les bonnes mœurs de ce temps-là, comme tu mépriserais la jeunesse dorée de ce siècle ! Quand, par hasard, je vois messieurs vos gentilshommes à la mode, ceux que vous appelez fièrement vos *roués,* vos *débauchés,* vos *joueurs;* quand je compare vos Lauzun, vos Richelieu de ce siècle, même aux valets de chambre de M. le maréchal duc de Richelieu, je me prends à sourire de pitié : tous ces petits messieurs, que votre époque regarde avec admiration comme le *nec plus ultra* de la rouerie humaine, n'iraient pas aux talons des plus sages abbés de Saint-Sulpice en 1764. Ces messieurs sont ivres-morts à l'heure où le XVIII<sup>e</sup> siècle commençait à boire; une journée de jeu les ruine jusqu'à la troisième génération; ils courent depuis dix ans, et dans un cercle fangeux, après une demi-douzaine de filles qui sont toujours les mêmes, sans qu'il y ait moyen pour eux d'éviter, quoi qu'ils fassent, un bon mariage et une bonne place quelque part. Tu ne peux donc pas absolument, à l'aide de ces petits messieurs, te faire la moindre idée de la vertu et de la sagesse du marquis de Cintrey.

« Cependant le vieux comte le prit pour son gendre, faute d'un meilleur. Cintrey était fier, il parlait peu, il était mécontent de la cour; il avait reçu en duel une large balafre au milieu du visage; il lisait beaucoup les *Nuits d'Young* et le Shakespeare de Letourneur; il était insolent avec tout le monde et surtout avec ses vassaux; il n'avait pas souscrit à l'*Encyclopédie;* il haïssait Voltaire, il méprisait Rousseau, il levait son chapeau quand il parlait du roi Louis XIV : le vieux Fayl-Billot put donc croire que sa chère Louise serait, en effet, trop heureuse avec un homme d'un si noble caractère.

« En effet, dans les premiers temps de son mariage, Louise s'estima heureuse et digne d'envie. En ce temps-là les honnêtes filles obéissaient facilement à leur père ; elles étaient peu disposées aux maux de nerfs et aux vapeurs ; elles aimaient, sans disgrâce, le mari qu'on leur ordonnait d'aimer. Quand je vois dans vos romans vos femmes, jeunes et vieilles, qui pleurent, qui gémissent, qui se tordent les mains pour un *oui* ou pour un *non* qui les contrarie, je ne sais que penser. Les honnêtes femmes de ces temps de licence sont de beaucoup supérieures aux honnêtes femmes de ce temps de vertu. Louise aima son mari ; elle en eut un bel enfant, et son amour pour son mari redoubla. On citait partout cette jeune femme, qui avait vingt ans, comme un modèle de piété filiale, de vertu conjugale et d'amour maternel ; elle avait le respect de tous les hommes et le respect de toutes les femmes. Malheureuse créature ! elle a bien souffert ! »

Cette exclamation de pitié, dans la bouche du diable, m'étonna au dernier point.

« Qu'avez-vous ? lui dis-je ; il me semble que vous pleurez sur la vertu ? Voulez-vous bien n'être pas ridicule à ce point-là !

— Eh ! pourquoi donc, reprit le diable, n'aurais-je pas un bon mouvement de temps à autre ? Quel est l'homme, je dis le plus méchant, qui, après avoir tué son ennemi, ne se sente pas ému en regardant ce cadavre étendu à ses pieds ? Moi, je ne suis pas ainsi fait que je souffre à la fois du malheur des honnêtes gens et du succès des vicieux ; tout ce qui est dans l'ordre me révolte, et aussi tout ce qui est hors de l'ordre ; et voilà justement ce qui prouve que je suis tout à fait maudit. Cette femme dont je parle a été bien malheureuse ; c'est là un de mes chefs-d'œuvre de méchanceté dont je suis le plus triste et le plus fier. Mais en ce temps-là je n'avais à commettre que quelques petits crimes isolés, pour ne pas me rouiller dans l'oisiveté. A l'époque de la Révolution française, les événements étaient plus forts que moi-même : je fus obligé de me mettre à l'écart pour ne pas être emporté, moi aussi, dans cet horrible tourbillon, avec le trône et l'autel, et afin qu'après la tempête quelque chose de surhumain restât dans cette France de François I$^{er}$ et de Louis XIV, que j'ai toujours aimée. Comme il ne m'était pas donné, à moi qui ne suis que le diable après tout, de finir la Révolution française, pas plus qu'il ne m'avait été donné de la commencer, car c'était une œuvre au-dessus des forces d'une puissance misérable comme est la mienne, j'avisai dans ce petit coin de Paris cette femme, cette Louise, belle, honnête, estimée, aimée, heureuse, et je me dis en moi-même : « Laissons « de plus puissantes intelligences bouleverser la « France, cette femme me suffira ! »

Puis le diable ajouta :

« Regardez plutôt, ne voyez-vous pas notre petite maison étinceler soudain de mille feux ?

— Oui, en effet (et en même temps je regardais de toutes les forces de mon âme), tout s'apprête dans cette maison pour une fête splendide : l'argent ciselé, le bronze et l'or, les cristaux légers comme l'air, les fleurs les plus rares, les velours tendus sur les bois sculptés à jour, la dentelle et l'ivoire luttent de légèreté et de transparence. Quelles formes riantes ! quels chefs-d'œuvre étincelants ! quel enivrement universel ! On dirait qu'en ce beau lieu tout vous sourit d'un sourire éternel ; les sofas vous tendent les bras comme autant de prostituées en délire ; les fauteuils vous bercent doucement en chantant un air à boire ;

les beaux tapis vous portent sans vous toucher; les satyres dansent en portant les bougies allumées; les chenets se traînent à vos pieds, chargés d'une flamme odorante; la pendule se dandine gracieusement en sonnant les heures que vous aimez le plus; du plancher, du plafond, des murailles, se détachent légèrement les dieux et les déesses de la fable; les têtes se couronnent de roses, les ceintures se relâchent, les seins commencent à battre doucement. Que d'esprit! quels murmures! quels soupirs! quelle audace! En vérité, ces femmes qui entrent ainsi en se tenant par les mains vous brûlent rien qu'à les voir. Leur pied est une flamme qui éclaire leur jambe jusqu'à la jarretière; de leurs deux mains sortent des étincelles, de leurs cheveux tombent des perles; leur cou est effilé comme le serpent; leur gorge est en délire et leur cœur est froid comme le marbre; la gaze les touche à peine et s'écarte en frémissant. As-tu vu (je tutoyais le diable), as-tu vu celle-là qui cache un petit signe noir dans le pli de son sourire? et celle-là dont le bras, d'un blanc mat, écrase l'or qui l'entoure? et cette autre qui sourit comme une folle? et cette autre qui s'admire dans cette glace brillante, qui retourne languissamment sa tête pour regarder son épaule, et qui dévore sa propre beauté d'un œil impudique, tant que ce regard peut aller? — Ah! finissons, finissons! je succombe! je me meurs!... »

Disant ces mots, je rejetais bien loin de moi cet enivrant spectacle; le diable jouissait de mon étonnement et de mon émotion.

« N'est-ce pas, jeune homme, me dit-il d'un ton goguenard, qu'en ce temps-là nous comprenions un peu mieux que vous ne faites aujourd'hui tout l'attirail du plaisir et de l'amour? Nous étions passés maîtres dans tous ces fins détails de la fête et de la joie; rien qu'à notre luxe on nous reconnaissait pour des gens nés dans l'or, dans la grandeur et dans la soie; nous étions naturellement gentilshommes; et, depuis nous, vous n'avez vu que de misérables contrefaçons de nous autres les princes du vice d'autrefois. Pauvres petits bourgeois que vous êtes! J'ai ri bien souvent en vous voyant vous arranger à grand'peine dans quelques chambres écartées d'une maison à cinq étages un XVIII<sup>e</sup> siècle à votre usage. Mes petits messieurs, vous avez beau dorer et redorer de vieux meubles, vous avez beau commander des sofas tout neufs, ni vos peintures ni vos velours ne ressemblent à nos peintures et à nos velours. Et quand bien même vous seriez parvenus à imiter quelque peu tout ce luxe que tu vois là, la chose plaisante! vous introduiriez dans ces demeures des marchandes de modes, des femmes d'huissiers ou de clercs de notaire : mesquine, ridicule et peu amoureuse parodie de la dignité humaine! »

Ainsi parlait le diable. Moi cependant je ne l'écoutais plus, et, tout entier au spectacle que j'avais sous les yeux, je regardais. Quand toute cette fête fut bien préparée, entrèrent pêle-mêle de jolies femmes indécemment parées; entrèrent aussi de beaux petits jeunes gens à l'air fin et spirituel. Toutes les belles manières du beau monde se déployaient à l'aise dans ces riches salons : des serviteurs empressés et invisibles dressaient la table ; le vin, les fleurs, la glace, le gibier enveloppé dans ses plumes brillantes, toutes les choses qui sourient naturellement dans le verre, dans la porcelaine, autour des lustres, autour des femmes, souriaient sur la table avec un abandon qui est le comble de l'art; jamais si vives ne m'étaient apparues, même dans mes songes d'été, toutes ces splendeurs.

« Par Dieu! dis-je au diable, je conçois maintenant que tous ces gens-là soient morts sans se plaindre : ils savaient ce que vaut la vie, ils en avaient cueilli toutes les fleurs, épuisé toutes les coupes, étudié et gaspillé une à une et toutes à la fois toutes les grâces, toutes les voluptés, toutes les nudités. Par Dieu! ce n'est pas si difficile de mourir quand on est ainsi arrivé au plus haut point où peut monter l'esprit, la révolte, l'orgueil, la puissance, l'égoïsme, le mépris pour tout ce qui n'est pas soi !

— Je vous ferai remarquer, reprit le diable, que votre interjection, *par Dieu!* n'est pas polie, s'adressant à ma personne. Il n'y a même pas si longtemps qu'à ce seul mot j'aurais été obligé de disparaître brutalement en laissant après moi une longue odeur de roussi. Les progrès du siècle et l'anéantissement de toute espèce de préjugé me dispensent heureusement de cette cérémonie. Bien plus, tu ferais le signe de la croix avec de l'eau bénite, que mon devoir de diable bien élevé serait de n'y pas prendre garde. Cependant je t'avertis que la chose m'est peu agréable, par la raison toute simple qu'on n'aime pas à parler à des gens de mauvaise compagnie. Mais, pauvre fou! quant à ce que tu dis de cette vie de fête et d'opulence, je te trouve bien insensé, en vérité! Si tu savais quelles misères cachent ces sourires, quelles vanités cachent ces velours, quels gémissements plaintifs ces sofas ont entendus ! Ce n'est pas à moi de te faire de la morale ; mais, si je voulais soulever un coin de cette draperie soyeuse et nonchalante,

quelle torture! Tous ces jeunes gens que tu vois là, je les ai bien aimés; ils ont été mes compagnons et mes frères; je me suis battu avec leur épée, j'ai parcouru la ville sous leur manteau, j'ai emprunté leurs mains blanches, leurs armoiries et leurs visages pour dompter, pour séduire, pour perdre à jamais plus d'une innocence rougissante qui se perdait en fermant les yeux; plus d'une fois, sous le masque de ces petits marquis, dont les grands-pères avaient été fauchés par le cardinal de Richelieu, et qu'eux-mêmes attendait l'échafaud, me suis-je perdu dans le bal de l'Opéra, cherchant tout simplement la reine de France, et cependant, tout en partageant leurs désordres, me suis-je écrié en moi-même : « Les imbéciles! comme ils
« se perdent à plaisir! comme ils n'ont pour eux-
« mêmes ni pitié ni respect! Tous ces priviléges
« que leur avaient ramassés leurs pères avec tant
« de périls et de damnations éternelles, ils les jet-
« tent au vent aujourd'hui, comme si demain ils
« devaient être les maîtres de cette poussière et lui
« dire encore : *Obéis-nous!* Les insensés! ils ne
« songent même pas à se défendre contre cette bête
« rugissante qu'ils ont déchaînée et qu'ils appellent
« *le peuple;* ils jouent avec le lion comme si le lion
« n'avait pas ses dents et ses griffes! Pour s'amuser
« sans danger de pareilles orgies, qui perdent à la

« fois le passé et le présent d'un peuple, il faut être,
« comme moi, presque éternel. » Voilà pourquoi,
même dans ces folles nuits de débauche, si tu
veux y voir à fond, tu trouveras quelque chose de
triste qui fait peur... » Ici le diable se prit à rire
de sa propre moralité.

Moi cependant je regardais toujours dans cette
maison toute remplie de lumières, de silence passionné, de gourmandise, d'esprit et d'amour.
Tous les jeunes invités à cette fête étaient arrivés ;
un seul manquait encore, et déjà on paraissait ne
plus vouloir l'attendre, quand enfin nous le vîmes
paraître. C'était un homme jeune encore, d'un
aspect sévère. Il avait pris de bonne heure une
attitude sérieuse, et il conservait cette grave apparence même dans l'orgie. Il était vêtu de noir,
son épée était sans nœud, sa perruque était presque sans poudre ; il prenait un soin incroyable
pour modérer la vivacité de son regard, la gaieté
de son sourire : c'était un des tartuffes de ce temps-
là ; car, hélas ! toutes les époques ont eu leurs
tartuffes ; seulement en ce temps-là la vertu n'était
plus une vertu dévote, c'était une vertu austère.
Il avait renoncé à la haire *avec sa discipline* pour
se couvrir du manteau de Brutus et du chapeau
de Guillaume Penn. Cet homme-là était très-curieux à étudier. Ses amis et ses maîtresses accep-

taient fort bien toute cette humeur. En général, il y a dans l'hypocrisie une toute-puissance presque surnaturelle qui fait qu'on l'accepte presque malgré soi, et que nul, pas même la fille de joie prise de vin, ne peut et n'ose l'aborder de front. C'est une idée qui eût dû venir au génie de Molière : mettre Alceste, son misanthrope, aux prises non pas avec Philinte, mais aux prises avec Tartuffe. La belle gloire pour Alceste d'écraser Philinte, et surtout Philinte sans défense contre la brutalité de son compère ! Mais l'admirable spectacle c'eût été là : Alceste démasquant Tartuffe ! Voilà deux rudes jouteurs qui auraient pu lutter à armes égales, et je ne sais que la misanthropie de celui-ci qui fût digne de se battre en duel avec l'hypocrisie de celui-là. Cependant, puisque Molière ne l'a pas fait, il faut que la chose soit impossible. C'est qu'en effet l'hypocrisie sera toujours plus puissante et plus hardie que la vertu. L'hypocrite est aussi habile que le vertueux, mais il a de plus sa propre scélératesse. Il a tellement étudié la vertu, ne fût-ce que pour en prendre les dehors, le langage, toutes les apparences extérieures, qu'il en connaît le fort et le faible, et qu'il l'attaque le plus souvent par ses propres armes. Ajoutez que la vertu inquiète le vice et que l'hypocrisie le rassure. Le vicieux n'est jamais plus à l'aise que lorsqu'il est en compagnie avec l'hypocrite : ils s'entendent à merveille, ils se protégent, ils se défendent l'un l'autre; l'hypocrite prête au vicieux son masque, le vicieux lui prête ses maîtresses; quand le vicieux chancelle, l'hypocrite le soutient, et quand il tombe, il le couvre de son manteau. Ainsi, même dans cette société perdue de vices, il y avait des hypocrites. Un des plus habiles hypocrites de ce temps-là, c'était surtout cet austère et galant seigneur qui vient d'entrer, le marquis de Cintrey.

« Maintenant, me dit le diable quand il eut poussé à bout sa dissertation littéraire, comprends-tu ce qui va se passer?

— Ma foi! non, répondis-je; car vous m'avez promis une histoire qui ne serait pas une histoire vulgaire, et jusqu'à présent je ne vois rien qu'une petite maison, une table dressée, un souper splendide, des filles de l'Opéra, des jeunes gens de l'Œil-de-bœuf, de la poudre, des mouches, de jolis pieds, des visages fatigués, des yeux qui brillent, des perles qui s'agitent au-dessus des seins qui battent, en un mot quelque chose de splendide et de magnifique dans sa forme, mais, dans le fond, quelque chose d'aussi trivial qu'un vaudeville de M. Ancelot.

— Vois-tu maintenant, reprit le diable, là, à ta

gauche, une pauvre femme qui se glisse en tremblant dans ce boudoir à demi éclairé? Regarde, qu'elle est pâle! Il est impossible d'avoir la peau plus blanche, le cou plus fin, le bras mieux fait, la main plus petite; il est impossible aussi d'avoir plus de tristesse dans l'âme, plus de désespoir dans le cœur. Oui, certes, cette femme est belle; cette femme, tu la reconnais : c'est Louise, c'est la marquise de Cintrey !

— Je crois, m'écriai-je, que je commence à comprendre. M<sup>me</sup> de Cintrey, jeune femme amoureuse de son mari et indignement trompée, pauvre femme que pousse la jalousie, s'en vient seule, à cette heure, dans cette demeure souillée, pour apprendre enfin toute l'étendue de son malheur.

— Tu ne comprendras jamais rien, dit le diable, si tu veux toujours en savoir plus long que moi. Allons donc, trêve d'esprit et d'intelligence avec moi; ne fais pas comme ces niais qui, de leur place, soufflent des mots éloquents à M. Thiers, quand M. Thiers est à la tribune. M. Thiers en sait plus long que ces gens-là, n'est-ce pas? et moi j'en sais presque aussi long que M. Thiers. — Regarde maintenant, de l'autre côté du mur, du côté obscur et terrible de cette maison, une religieuse qui s'abandonne, toute seule, au plus violent accès du plus affreux désespoir : elle crie, elle blasphème, elle se tord les bras de rage, elle écume !

— Oui ! oui ! m'écriai-je épouvanté. A travers ces murs épais et dans cette ombre épaisse à peine éclairée d'une lampe sépulcrale... Oh ! c'est affreux à voir et à entendre ! Cette femme est belle aussi, mais elle se démène comme une lionne. A ses pieds est renversée une cruche sur un pain noir ; une tête de mort, qui sourit hideusement, est placée à côté de la lampe, dont le sombre reflet se perd dans ces yeux crevés et se promène insensiblement sur ces dents luisantes. On dirait une âme en peine qui joue le *De profundis* sur ces touches d'émail. Dans un coin du mur, au-dessus de cette paille en désordre, un affreux crucifix tout sanglant est dressé, et même dans cette sainte image l'inquisiteur qui l'a sculptée a trouvé le moyen de mettre plus de colère que d'indulgence. Tout cela est bien horrible. Cette malheureuse est vêtue d'un cilice qui meurtrit ses belles chairs, et il me semble cependant que cette gorge de marbre est sur le point de rompre ces mailles terribles. Les cheveux de cette femme sont remplis de paille, son regard est plein de fièvre, son cœur est plein de rage... Quelle est donc cette femme ?

— Cette femme, dit le diable en se dandinant, qui veux-tu qu'elle soit ? C'est Léonore. »

J'étais ému au dernier point ; ce drame que je touchais ainsi de l'âme et du regard s'était emparé de moi avec passion ; je me disais qu'en effet j'allais être le témoin de quelque chose d'étrange et de hardi. — Mais tout à coup le diable retira sa main, il disparut comme une fumée que l'air emporte, et je n'eus plus devant les yeux que ces ombres confuses de palais et de tanières plongés dans une ombre impénétrable. — Le diable m'abandonna ainsi au plus beau moment de son histoire. Jusqu'au cigare qu'il m'avait donné, et que je fumais avec volupté, était redevenu un insipide morceau de bois.

Resté seul, je redescendis comme je pus de ces hauteurs désenchantées, ouvrant les yeux sans rien voir, prêtant l'oreille sans rien entendre, poursuivi par mille visions bizarres, par mille bruits confus, et cherchant en vain un dénoûment à cette histoire qui se passe entre la vertu et le vice, entre l'austérité et la débauche, entre la paille du cachot et le sofa du boudoir.

## II

Je fus plusieurs jours sans retrouver mon fantastique historien. Je regrettais avec un indicible effroi la mordante ironie, le ton leste et goguenard de ce damné qui voyait si profondément tous les détours de l'âme humaine. L'appeler, courir après lui, l'invoquer par une incantation magique, c'était bien vieux et bien usé. Et d'ailleurs à quoi bon? le diable, c'est comme l'inspiration poétique; il n'est aux ordres de personne : il va, il vient, il s'arrête, il s'en va, il revient quand il veut, où il veut et comme il veut. Quel est le grand poëte qui puisse se dire à lui-même, en se levant le matin heureux et rafraîchi par les songes de la nuit : *Aujourd'hui je serai un poëte?* Quel est l'homme aussi qui puisse dire à coup sûr: *Ce soir je verrai le diable?* Or je retrouvai le diable un soir que je ne m'y attendais pas.

La soirée était calme et sereine. J'étais debout sur cette terrasse de Belle-Vue, noble château démantelé qu'on a divisé entre plusieurs bourgeoises qui jouent de leur mieux leur rôle de princesses du sang royal. Tout à coup je vis à mes côtés, et qui semblait partager ma muette contemplation, une jeune femme d'une taille élancée et vigoureuse. Son visage pâle était magnifiquement éclairé par deux grands yeux noirs qui jetaient des étincelles; ce regard tout brûlant plongeait sur Paris avec une ardeur fiévreuse. Sous ce nouveau déguisement je reconnus le diable.

« C'est fort heureux! lui dis-je; je vous retrouve enfin, Monseigneur! Pourquoi donc être parti ainsi, l'autre jour, quand je vous écoutais avec le plus d'attention? C'est un misérable petit artifice oratoire bien indigne d'un esprit comme vous.

— Tu en parles bien à ton aise! répondit Satan; mais qui donc es-tu, toi, pour avoir à tes ordres un conteur comme moi? Le bel office à remplir que d'amuser monsieur! Me prends-tu donc pour ton Basile ou pour ton Grippe-Soleil? Et d'ailleurs pourquoi donc es-tu si peu intelligent? Si tu ne m'as pas revu plus tôt (et, disant ces mots, il me lançait ce demi-sourire si plein d'intelligence qu'il vous fait peur), certainement ce n'est pas ma faute. Depuis la nuit dont tu parles je ne t'ai pas quitté, mais tu n'as jamais voulu me reconnaître. Te rappelles-tu, l'autre jour, ce vieux marchand de bouquins qui t'a vendu au poids de l'or le traité d'Apicius *De re culinaria?* C'était moi! Et cette vieille femme qui t'a apporté cette lettre anonyme pleine d'injures et de fautes de français? C'était moi ! J'étais près de toi l'autre soir quand est entrée sur le théâtre cette jeune femme de vingt ans que la passion a pâlie et courbée, et qui porte sans y succomber tout le génie de Meyerbeer ; mais c'est à peine si tu as fait attention à cette femme. J'étais près de toi hier matin quand tu lisais cette élégie de Tibulle où il est parlé de cette belle Néera ; mais au plus touchant passage de l'élégie le livre est tombé de tes mains. Dans ce bois touffu où viennent danser les beautés parisiennes tu m'as vu emportant, dans le tourbillon rapide de la valse, cette frêle Espagnole dont les épaules brillent comme l'éclair : à peine as-tu daigné jeter sur nous un regard distrait. Ainsi donc, c'est bien ta faute si tu ne m'as pas rencontré en ton chemin. C'est bien le moins cependant que tu me devines quand tu as besoin de moi, et j'aurais trop à rougir si j'étais obligé de te frapper sur l'épaule et de te dire : *Je suis le diable !* »

Comme le diable parlait ainsi, la nuit descendait plus sombre sur la bonne ville de Paris, et peu à peu je vis s'illuminer dans cette ombre transparente le théâtre à double compartiment sur lequel se passait le drame étrange dont j'avais été le témoin. Cette fois cependant je ne vis plus que les restes du festin ; la porte qui séparait le boudoir de la cellule était hermétiquement fermée, la religieuse avait disparu; parmi les convives, que gagnait l'ivresse, s'était assise une nouvelle venue, une femme qui semblait dominer ce délire tout en le partageant.

« Ah! ah! dit le diable, te voilà bien embarrassé! et par ce que tu vois là tu ne comprends plus grand'chose à mon œuvre. Pauvre petite intelligence qui ne sait rien deviner! spectateur de province à qui il faut allumer les quinquets et le lustre, à qui il faut des décorations et des costumes! Il y en a même qui sont obligés de lire la comédie qu'on leur joue! Ainsi es-tu fait, mon brave homme. Heureusement je suis là pour t'expliquer toute cette scène, dont la moitié est déjà dans l'ombre. Écoute donc... Louise, la jeune et belle marquise de Cintrey, épouse et mère, eut bientôt compris qu'elle était à bout de toutes les félicités conjugales. En vain son mari, le marquis de Cintrey, était cité dans le monde comme un ridicule et sublime modèle de fidélité et de constance : Louise sut bientôt ce qu'elle devait croire de cette vertu. Ce fut un coup affreux pour la pauvre femme; elle croyait à l'amour de son mari comme elle croyait en Dieu. Dans ce naufrage universel de tous les sentiments domestiques, Louise regardait son ménage comme un lieu d'asile qui avait surnagé. Autour d'elle, à côté d'elle, Louise ne voyait que corruption, désordres, unions brisées et renouées, adultères, mensonges, perfidies, toutes sortes de vices pêle-mêle, mangeant, riant et buvant ensemble, se prenant, se quittant, se reprenant tour à tour, sans choix, sans goût et sans mesure; et, la pauvre femme! elle avait cru, elle avait espéré qu'elle serait sauvée de ce désordre. Mais, comme je te l'ai dit, son mari était un hypocrite. Il fut bientôt las de sa feinte vertu, et il quitta sa femme pour les autres femmes. Moi, qui sus des premiers cette aventure, j'en avertis Louise, et je la fis jalouse; je la conduisis par la main dans cette retraite de la débauche; je la plaçai dans ce petit appartement reculé d'où elle pouvait tout voir et tout entendre; et en effet elle vit ces femmes et ces hommes, elle entendit leurs tendres propos, elle comprit toute cette audace sans frein de l'esprit et du cœur; elle eut peur de son mari, tant elle vit qu'il ressemblait à tous ces hommes. Elle restait là cependant, muette, désolée, insensible; et j'avoue même que je ne savais plus que faire de cette femme avec son muet désespoir, quand me vint soudain une idée admirable, une de ces idées que vous appelez des *idées infernales* sans trop savoir ce que vous dites. »

Puis, comme s'il se parlait à lui-même :

« Oui, en effet, disait-il, cela était bien trouvé,

Satan! et si tu voulais, tu en ferais un beau mélodrame pour le Théâtre-Français!

— Voici, reprit-il, quel fut ce coup de théâtre... Tu te rappelles qu'à côté du petit réduit où se cachait Louise, prêtant l'oreille à cette conversation de libertins sceptiques qui mêlent l'amour au blasphème, est placée la cellule où Léonore attendait en vain chaque jour la révolution libératrice qu'elle s'était promise et qui n'arrivait pas. L'histoire de Léonore, je la ferai courte comme l'histoire de Louise... A peine entrée au couvent, Léonore eut peur et se mit à douter de sa libération prochaine. Tant qu'elle n'eut pas prononcé ses vœux éternels, elle avait été sûre de la ruine totale des institutions établies, et elle s'était fait tout bas une fête de se retrouver libre parmi ce bouleversement universel dont elle ne doutait pas; mais une fois captive, voilée, cloîtrée, elle ne fut plus maîtresse d'elle-même; elle n'eut plus la patience d'attendre les temps prédits par l'*Encyclopédie* : cet esprit, en secret révolté, se révolta ouvertement. Elle eut la fièvre terrible d'une jeune et robuste fille que la passion dévore, que le doute embrase, et qui subit à la fois la révolte de l'esprit et la révolte de la chair. Ainsi elle devint bientôt un objet d'effroi dans ce couvent qui avait conservé toute la rigidité de l'ordre, un sujet d'épouvante parmi ces saintes filles, d'autant plus inexorables qu'elles voyaient s'avancer la chute de la Jérusalem céleste. Bientôt donc toutes les rigueurs du cloître s'appesantirent sur Léonore : le jeûne, les veilles, les prières, le cilice, les verges, rien n'y fit; elle était indomptable. Sa frénésie la prenait plusieurs fois dans le jour, et alors elle déchirait sa robe, son voile, son suaire, et dans cette nudité complète elle défiait le ciel, elle invoquait les hommes. Souvent, au milieu du chœur, la nuit, et quand la mère abbesse entonnait les matines, Léonore, élevant la voix, récitait les plus violents passages de ses philosophes bien-aimés. Plusieurs fois le chapitre s'était assemblé pour prononcer sur le sort de cette malheureuse : elle fut condamnée aux oubliettes. A force de jeûnes et de coups on la réduisit au silence; on la couvrit d'un voile mortuaire, on dit sur elle le *De profundis*, on la descendit dans ce sépulcre que tu as vu, et on ne pensa plus à elle que pour lui envoyer chaque jour une cruche d'eau et un pain noir. Voilà à quel moment j'ouvris la porte cachée qui séparait le cachot de ce boudoir, et alors les deux sœurs se trouvèrent en présence. »

Ici le diable se mit à chiffonner d'une façon toute gracieuse un petit mouchoir brodé qu'il tenait à la main gauche; puis, tout d'un coup, et comme s'il eût été fatigué de ce rôle de femme qu'il jouait assez mal, il reprit sa première forme, la forme d'un grand jeune homme indolent, hardi et assez mal bâti ; puis, se posant devant moi brusquement :

« J'en suis à regretter, pour mon amusement personnel et non pas par pitié, cette scène terrible entre les deux sœurs, Louise et Léonore ; je ne reverrai jamais le même drame. Cette porte, pratiquée jadis par un mystérieux amour, était fermée depuis longtemps : elle s'ouvrit tout d'un coup sous les efforts de cette recluse, moi aidant. Alors, alors Léonore, battue, affamée, éperdue, sanglante, frappée de verges, se trouvant en présence de Louise, tout à l'heure si libre, si heureuse, si parée, Léonore put à peine se contenir et ne pas dévorer sa sœur.

« Ah ! s'écria-t-elle, te voilà ! Ah ! tu viens
« écouter, assise ici sur la soie, mes cris de douleur
« sur la paille ! Ah ! toute parée que tu es, tu viens
« voir, à travers les fentes de mon cachot, comment
« je vis pâle et maigre et fiévreuse ! Malédiction !
« malédiction ! malédiction sur toi ! Il n'y a pas de
« Dieu dans le ciel ! il n'y a pas de père sur la terre ! »

« Disant ces mots, Léonore se posait devant Louise, et Louise fermait les yeux.

« En même temps, les convives voisins chantaient en chœur une chanson à boire, et ces horribles cris n'arrivaient pas jusqu'à eux.

« Louise cependant, éperdue, mais calme, avait peu à peu ouvert les yeux, et elle s'était assurée que c'était bien là sa sœur. Oui, c'était là sa sœur, aussi vrai que c'était là son mari pris de vin et d'amour impudique : car, tout en contemplant Léonore, Louise prêtait l'oreille, et elle entendait son mari célébrer le vin et les amours des courtisanes. Ainsi placée entre ces deux misères, la malheureuse n'hésita plus.

« Voulez-vous, dit-elle à sa sœur, puisque je
« vous fais tant d'envie, voulez-vous, Léonore, que
« nous changions de rôle? Mon boudoir contre votre
« cellule, mes dentelles contre votre cilice, mon
« époux que voilà (elle montrait du doigt la salle à
« manger) contre votre crucifix et cette tête de mort,
« mes riches habits contre votre robe de bure, ma
« liberté contre votre esclavage? Le voulez-vous? »

Ici le diable s'arrêta, comme s'il eût cherché à se rappeler encore la voix, les gestes, les inflexions suppliantes de Louise. Mais moi, impatient :

« Eh bien! lui dis-je, qu'arriva-t-il?

— Il arriva que Léonore accepta l'échange. Elle se dépouilla de son cilice pour revêtir les habits de Louise; elle rejeta Louise dans le cachot et sur cette paille en désordre; elle referma cette porte de fer, et contre cette porte fermée elle tira un épais rideau de soie... C'en était fait : Louise était la recluse, Léonore était lâchée! Après quoi elle jeta un coup d'œil sur ces trumeaux brillants, et elle sourit avec transport à sa propre beauté, dont elle avait été longtemps privée. Elle plongea ses mains et son visage dans une eau limpide préparée pour les convives; elle se para de son mieux des chastes habits de sa sœur, s'efforçant de les rendre immodestes; puis, quand elle fut ainsi armée de toutes pièces, elle entendit que le marquis de Cintrey portait ironiquement la santé de sa femme; et, ouvrant brusquement la porte de la salle à manger, elle s'écria :

« Me voici! »

« Tu juges de l'étonnement de ces hommes et de ces femmes plongés dans l'ivresse, à l'apparition subite de cette chaste et honnête Louise qui venait au milieu d'eux à demi nue, et qui demandait à boire! En effet, Léonore ressemblait à Louise comme l'ange au diable : c'était la même taille souple et élancée, le même feu dans le regard, la même tête. Louise avait peu vécu dans le monde; le monde l'avait vue de loin, sans trop oser approcher de cette vertu inaccessible : aussi tous les convives s'imaginèrent que c'était en effet la marquise qui jetait enfin le masque imposant de la vertu. Le marquis le pensa lui-même, mais il faut dire qu'il avait le vertige.

« A boire! à boire! » s'écria Léonore. En même temps elle se jetait, affamée et délirante, sur les vins et sur les viandes; elle regardait les hommes, elle embrassait les femmes; elle était déjà ivre de cette double ivresse du vin et de la chair. Jamais, dans le creux fangeux de sa cellule, sous son cilice de fer, sur sa paille pourrie, en présence de sa tête de mort, dans les plus violents instants de sa démence et de ses blasphèmes infatigables, la misérable n'avait rêvé tant de porcelaines immondes, tant de seins nus, tant de regards avides, tant de vins et tant de fleurs. Au milieu de ce désordre, elle se sentait naître enfin; elle était comme une furie, mais belle et puissante. Et, en effet, je te laisse le juge si c'était là une transition incroyable : passer ainsi du cachot chrétien à l'orgie voltairienne! Elle en fit tant et elle en dit tant dans ces premiers délires de l'enthousiasme et de la passion qu'elle fit peur même aux convives, comme si la foudre allait tomber sur eux; même plus d'une qui s'abandonnait librement à l'orgie se voila les yeux et voulut s'enfuir loin de cette damnée; les plus braves d'entre eux se regardaient, éperdus et n'osant parler.

« Quand Léonore eut bu et quand elle eut mangé:

« Çà, dit-elle, qui donc va nous chanter quelque
« chanson à boire? Est-ce toi, mignonne? » dit-elle
à une jeune élève de M^lle Duthé, déjà digne de sa
maîtresse.

« Alors elle entonna un chant de révolte qu'elle
avait composé sur le rhythme d'une ode de Piron,
et dont elle avait composé la musique à l'aide du
*De profundis*, qu'elle avait parodié de son mieux.
En même temps, elle vidait toutes les coupes pol-
luées par toutes ces lèvres licencieuses, elle arra-
chait toutes les fleurs qui voilaient encore quelques
nudités douteuses ; puis, quand elle eut épuisé tous
ces excès terribles, Léonore se mit à chanter et à
danser en même temps. Elle avait inventé dans
son cachot une certaine danse orientale dont elle
avait dessiné toutes les poses avec l'exactitude
luxurieuse d'une bayadère et la persévérance vin-
dicative d'une religieuse qui sent frémir sa chair
sous les coups redoublés de la discipline et des
passions mal contenues. Quand elle eut dansé, elle
demanda où était son mari. On le lui montra couché par terre, sous l'admiration, sous l'étonnement, sous l'ivresse, ne sachant s'il était dans le
songe ou dans la veille. Elle alla droit à lui, elle
le regarda couché comme il était à ses pieds ; elle
trouva qu'il était jeune et beau.

« Çà, lui dit-elle, marquis, je suis des vôtres !

« foin de la vertu et des bonnes mœurs ! Il n'y a pas
« de Dieu au ciel ! il n'y a sur la terre que des fri-
« pons et des dupes ! J'ai été votre dupe et ma propre
« dupe assez longtemps. Je vous croyais un philo-
« sophe, vous m'avez prise pour une vertu ; nous
« nous sommes trompés l'un et l'autre : nous som-
« mes quittes. Donc, jetons là ce masque fatigant à
« porter, et, comme vous le chantiez tout à l'heure,
« jouissons de la vie !... Entendez-vous la terre qui
« tremble sous nos pas? C'est le signal d'une fête
« qui nous doit tous engloutir... » Disant ces mots,
elle appelait ces filles de joie *mes amies,* elle con-
viait ces hommes à une fête chez elle pour le lendemain ; elle leur donnait rendez-vous à tous à
l'Opéra ; elle les reconduisait les uns et les autres
jusqu'à leurs carrosses. Et enfin, restée seule avec
son mari : « Monsieur, Monsieur, lui dit-elle,
« pourquoi nous cacher maintenant? Nous ferons,
« s'il vous plaît, du vice en plein jour. J'exige donc
« que vous me donniez les clefs de la petite maison,
« afin qu'elle reste fermée, comme inutile désor-
« mais à notre hypocrisie. » Et c'est ainsi qu'elle
s'empara des clefs de la petite maison, afin que
personne n'y pût entrer, sinon elle. Le marquis
la ramena à son hôtel qu'il était grand jour. »

Ayant achevé cette tirade, le diable me regarda
pour savoir ce que j'en pensais. Et en vérité j'étais

ému plus que je ne saurais dire. Je comprenais confusément toute la misère de cette pauvre Louise, ensevelie vivante et innocente dans les oubliettes d'un couvent de carmélites; je comprenais confusément toute la scélératesse de cette Léonore, sortant tout à coup de son tombeau pour prendre dans le monde la place, le nom, le visage et l'honneur d'une honnête femme ; et pourtant j'avais grand besoin que le diable m'expliquât toutes ces horreurs.

« Oui, reprit-il, la chose arriva comme tu le penses. Tout Paris, épouvanté, fut instruit le lendemain des déportements subits de la marquise de Cintrey. On racontait, mais encore à voix basse, comment cette femme, entourée de tous les respects des hommes et des femmes, avait tout d'un coup jeté le masque de vertu qui couvrait son visage; comment, pour bien commencer sa nouvelle carrière, elle avait fait les honneurs d'une horrible fête de débauchés dans la petite maison de son mari, et qu'elle avait épouvanté de ses désordres les plus viles courtisanes. On se perdit à ce sujet en mille conjectures; il y eut des paris pour et contre, il y eut un duel; mais bientôt tous les doutes tombèrent devant l'affreuse conduite de cette femme. C'était une lionne déchaînée : elle épouvanta la ville et la cour de ses déportements;

elle jeta aux vents la fortune de son mari; elle fut sans pitié et sans respect pour personne. Son père, le vieux comte de Fayl-Billot, était au lit de mort. Le noble vieillard, avant de quitter une vie pleine d'inquiétudes, comptait au moins sur l'appui, sur la prière, sur le dernier et pieux sourire de sa fille bien-aimée ; il appelait Louise, sa Louise ! Sa Louise était au cachot ; mais à la place de la sainte il vit entrer Léonore ! O terreur !... Elle cependant tenait à sa vengeance : elle voulut rester seule avec son père. On ne sait pas ce qui se passa entre ce vieillard et cette femme ; mais, après cette fatale et dernière entrevue, le vieillard fut trouvé dans son lit, mort et les mains levées au ciel, comme s'il eût demandé justice. Que te dirai-je? Jamais l'insolence, la vanité, l'orgueil, le mépris des lois divines et humaines n'avaient été plus loin. Je t'en parle avec complaisance, vois-tu, car cette femme était mon chef-d'œuvre, elle égalait la marquise de Merteuil. Grâce à elle, je luttais avec l'œuvre de ce Laclos dont j'étais jaloux. Bien plus : j'espérais lutter avec Danton, avec Robespierre plus tard, en leur disant : *Voilà mon chef-d'œuvre !* Insensé que j'étais ! »

Ici le diable eut un frémissement d'horreur, évidemment excité par ces horribles noms de Danton et de Robespierre. J'eus pitié de ce pauvre malheureux vaincu qui n'était plus bon qu'à raconter des histoires, et, pour l'arracher à ses tristes réflexions :

« Mais enfin, lui dis-je, où voulez-vous en venir ?

— Ah! reprit-il, rien de plus simple. Tu sais ce qui arriva quand la Bastille fut prise, et comme 89 se précipita sur 93, et comme furent interrompues tout d'un coup toutes les orgies du pouvoir et de la beauté, et comme la proscription s'étendit sur la France entière, semblable à la peste, et plus rapide et plus féroce. Tu as lu cela dans les livres et tu ne l'a pas vu, et ceux même qui ont recueilli ces choses sanglantes ne les avaient pas vues, car, à ces horribles spectacles, tout courage est resté suspendu, toute pensée s'est arrêtée, toute voix est devenue muette. Eh bien! dans cette proscription générale, le peuple, qui avait ses moments de justice, s'en vint un jour sous les fenêtres de la marquise de Cintrey en demandant la tête de cette femme souillée et tachée, comme si cette tête eût été innocente et pure. La marquise n'était pas chez elle ce jour-là, et nul, pas même les domestiques, qu'elle battait; pas même les servantes, qu'elle insultait; pas même ses créanciers, qu'elle ruinait, ne pouvait dire où elle était allée.

« Or sais-tu où se cachait cette femme?... » Ici

le diable se plaça à cheval sur la barre de fer qui sert de balustrade à cette admirable terrasse de Belle-Vue où j'étais à l'écouter. Je crus qu'il allait se précipiter tout en bas, dans le nuage qui montait doucement jusqu'à nous. « Au fait, reprit-il, j'aime autant achever à l'instant même mon récit.

« Tu te rappelles que cette femme, cette Léonore, avait emporté les clefs de la petite maison et qu'elle les avait gardées, comme fait le geôlier des portes d'une prison. Eh bien! pour échapper à la fureur populaire, cette femme était retournée dans cette maison; elle avait retrouvé la porte cachée qui menait dans le cachot; cette porte, elle l'avait ouverte, et, sur la paille, agenouillée, priant Dieu, elle avait vu sa sœur Louise... Je ne suis qu'un démon, ajouta le diable, et pourtant j'ai pleuré, oui, j'ai pleuré en entendant Louise parler à sa sœur.

« Ma bonne sœur, disait Louise, je savais bien
« que vous reviendriez à moi et que vous ne m'a-
« viez pas condamnée à une prison éternelle! J'ai
« bien souffert, j'ai bien fait pénitence à votre place;
« j'ai bien prié pour vous, ma sœur! Combien d'an-
« nées se sont passées dans ces souffrances? Hélas!
« je l'ignore, mais il me semble qu'il y a un siècle.
« Quand j'ai été plongée vivante dans ce tombeau,
« j'avais un mari, j'avais un enfant : où sont-ils?...

« O ma sœur! ma sœur! ô Léonore! quels crimes
« aviez-vous donc commis pour être condamnée à
« cette pénitence?... Mais enfin vous voilà : je vous
« pardonne. Vous venez me rendre l'air du ciel et
« mon enfant : j'oublie ce que j'ai souffert... Adieu
« donc... Et cependant apprenez, ma sœur, que
« bientôt votre prison va s'ouvrir. J'en ai été in-
« struite par ma geôlière de chaque jour ; elle m'a
« priée, au nom du ciel, d'être patiente, disant que
« l'heure du pardon allait sonner... Oh! merci!
« merci, Léonore! »

Et en effet Léonore reprit les haillons de Louise ;
Louise se couvrit des habits de Léonore. Elle s'en-
fuit de cette maison où elle avait tant souffert.
Léonore se jeta sur la paille de son cachot, et elle
respira plus librement, se sentant loin du peuple...
Mais que veux-tu que je te dise? Est-il bien nécessaire d'aller plus loin?

— Oui, certes! m'écriai-je. Quelle triste manie
de couper votre récit à chaque instant que votre
récit s'engage! Vous avez volé cette singulière façon de raconter à ce charmant diable qu'on appelle l'Arioste ; mais celui-là aurait eu peur d'en-
treprendre des histoires pareilles aux vôtres.
Vous cependant, qui osez les commencer, vous
ne devez pas avoir peur de les finir.

— Ainsi ferai-je, dit le diable. Donc Louise,

redevenue libre, à peine échappée de cette maison fatale, s'en allait au pas de course dans son hôtel. Déjà elle revoyait son mari, et elle lui disait : « Je « vous pardonne... » Déjà elle embrassait son fils, cet enfant qu'elle avait laissé si petit ; elle tombait dans les bras de son père, et elle pressait sur ses lèvres ses vénérables cheveux blancs. La pauvre femme, ainsi agitée de mille pensées qui se partageaient son cœur, ne remarquait rien de ce qui se passait autour d'elle, ni ce peuple déchaîné qui promenait en tous lieux, dans sa capitale nouvellement conquise, son insolente victoire, ni ces cris de mort qui retentissaient dans les rues, ni ces images d'une liberté funèbre arrosée de sang, ni ces planches horribles dressées sur les places publiques, attendant leur proie de chaque jour ; elle courait à perdre haleine, et déjà les Brutus de carrefour la désignaient du doigt comme une victime. Elle arriva enfin à l'hôtel de son mari. A son aspect, toute la rue indignée se soulève, mille cris de mort se font entendre. Au moment où elle mettait le pied sur ce seuil chéri, d'affreux hommes, armés de piques et coiffés de bonnets rouges, s'emparent de sa personne ; la populace ameutée s'écrie : « C'est elle ! voilà la marquise de Cintrey ! « A bas la vicieuse ! A bas l'impitoyable ! Meure la « parricide !... » Au milieu de ce bruit et de ces fureurs, que voulais-tu qu'elle fît, la malheureuse? Elle regardait, elle écoutait, elle repoussait loin de ses yeux, loin de ses oreilles, loin de son esprit, ce rêve horrible. On l'emporta évanouie, et quand elle se réveilla, se retrouvant sur la paille d'un cachot, elle se rassura et elle se dit à elle-même : « Quel rêve ! »

« Pendant que Louise se réveille pour ne plus se rendormir que dans la mort, Léonore, déjà impatiente, se précipite hors de la maison, dans ses habits de religieuse, en criant : *Au secours ! au secours !* A ces cris, le peuple arrive : il était partout, le peuple. Léonore raconte alors qui elle est, — et qu'elle appartenait à ce couvent qui est en ruines, — et qu'elle a été oubliée dix ans dans le cachot où le fanatisme impitoyable la tenait renfermée, et qu'elle s'est enfuie tout à l'heure, et que la voilà qui demande justice. Le peuple lui répond par ce mot : *Vengeance !* Le couvent à demi détruit est encore une fois fouillé de fond en comble. Quelques misérables femmes, qui se cachaient parmi ces ruines, sont découvertes, et bientôt leurs têtes coupées servent de sanglant trophée au triomphe de Léonore. Le peuple crie : *Vive Léonore !* et il la ramène triomphante dans cette maison qu'elle avait quittée la veille en proscrite. — Sais-tu mon histoire, à présent ?

— Oui, répondis-je, oui; maintenant je la sais tout entière, cette funeste histoire, et je pourrais l'achever sans vous. Ainsi deux fois cette horrible Léonore accabla la douce Louise. Pendant que Louise portait le cilice de Léonore, Léonore portait les habits de fête de Louise; pendant que Louise priait et jeûnait à la place de Léonore, Léonore entassait sur Louise toutes sortes de malédictions et d'opprobres; le jour où le peuple voulut faire justice de Léonore, Léonore chassa Louise de son cachot, et elle la livra au peuple à sa place. Ah! c'est là une affreuse histoire!

— D'autant plus affreuse, dit le diable, qu'en ce temps-là la justice des hommes était violente, et qu'elle ne s'arrêtait guère quand une fois elle était lancée. Oh! c'est une triste souveraine, la Terreur! elle avilit les plus nobles, elle fait pâlir les plus braves, elle hébète les plus intelligents. Elle a fait de la nation française tout entière la plus stupide viande de boucherie qu'on ait jamais jetée aux abattoirs. Donc, à peine Louise de Cintrey eut-elle répondu au tribunal révolutionnaire qu'en effet elle était la marquise de Cintrey, qu'aussitôt elle s'entendit condamner à mort, et tout fut dit.

« Le plus beau de ce crime, ajouta le diable, c'est que, le jour où Louise monta dans le tombereau fatal qui allait à la Grève, maudite par son mari, maudite par son fils, sa sœur Léonore était portée en triomphe comme une sainte ; elle était proclamée martyre, et elle bénissait le peuple. Je crois même qu'elle eut le courage de donner sa bénédiction à sa sœur qui allait à l'échafaud.

« Voilà toute mon histoire. Es-tu content ? »

Quand je vis que le diable n'avait plus rien à me dire, et que ma curiosité devait être satisfaite, je me sentis beaucoup plus à l'aise avec le diable.

« A vous dire vrai, seigneur diable, lui répondis-je, vous vous êtes donné bien de la peine pour faire de votre histoire une chose pleine d'intérêt et de pitié, et vous avez manqué votre but ; si quelqu'un fait pitié dans tout ceci, c'est vous. Comment ! la plus terrible révolution qui ait changé la face du monde tombe sur la France, et cependant vous ne savez rien de mieux que de vous amuser à perdre une pauvre vertueuse au profit d'une horrible criminelle. Il fallait que vous fussiez bien oisif ! Comment donc, il se coupe des têtes par centaines ; vous vous dites à vous-même, comme Pilate : « Je m'en lave les « mains. » Mot affreux, parole égoïste avec laquelle se sont accomplis tous les crimes ; et vous, cependant, vous n'êtes occupé qu'à opérer un tour de passe-passe tout au plus digne d'un escamoteur en plein vent ! Je vous assure que je vous trouve à présent un être bien peu dangereux.

— Et vous avez raison, mon maître, repartit le diable, d'autant plus raison que, même dans cette méchanceté subalterne que je m'étais permise, j'ai été battu par ces bonnets rouges. Eux aussi, en apprenant l'histoire de la marquise de Cintrey, ils auront été jaloux de moi. Pour en finir tout d'un coup avec mes prétentions diaboliques, figurez-vous qu'ils ont coupé la tête à la sœur du roi, M$^{me}$ Élisabeth !

« Ce jour-là je m'avouai tout à fait vaincu ; je reconnus que je n'étais plus le diable, et que toute ma puissance malfaisante était à jamais dépassée ; je me fis pitié à moi-même quand je me comparai au dernier de ces bourreaux ; je me repentis d'avoir perdu, sans y rien gagner dans ma propre estime, cette sainte femme, M$^{me}$ de Cintrey ; et si quelque chose me consola, ce fut de penser que cette vertu, en ces temps horribles, même si je l'eusse épargnée, n'avait pas une seule chance d'échapper à la hache. Bien plus, vous allez voir que je ne suis pas si lâche que vous dites, jamais je n'ai plus regretté de n'être pas un homme pour avoir l'honneur de monter sur le même échafaud que le roi Louis XVI, la reine Marie-Antoinette, Charlotte Corday et M. de Malesherbes. Depuis ce temps j'ai mené la plus triste vie que jamais démon ait menée sur la terre. Incapable de mal, incapable de bien, agité par le remords, pauvre et seul, fatigué de ramasser des âmes qui se jettent à ma tête, n'étant plus ni aimé ni haï, j'ai fini par me faire historien, auteur, romancier, que sais-je? Je finirai peut-être par tenir un cabinet de lecture. Dans mon oisiveté, et n'ayant plus de mauvaises actions à commettre, j'en imagine : je cherche dans la foule les hommes que la foule écoute, et je leur raconte des histoires étranges. Je suis à présent comme tous les poëtes, tantôt dans le ciel, tantôt plus bas que la terre; j'ai mes instants d'inspirations prophétiques, j'ai mes heures de découragement mortel.

« Pendant que toute l'Europe était en armes avec l'empereur (le moyen de faire son métier de diable avec un pareil homme?), j'élevais sur mes genoux, avec une sollicitude plus que paternelle, un bel enfant anglais dont je faisais un poëte; c'est moi qui lui ai dicté d'un bout à l'autre son poëme de *Don Juan*. Eh bien! à peine mon poëte chéri eut-il jeté dans les âmes contemporaines plus de désolation et plus d'épouvante que n'en avait jeté Voltaire en personne, voilà mon poëte qui se laisse mourir parce qu'il découvre un beau jour qu'il est légèrement boiteux du pied gauche, et qu'il pèse dix livres de plus qu'il ne pesait l'an passé ! En perdant celui-là, j'ai perdu toute ma verve poétique ; j'ai vécu au jour le jour, comme un écrivain de hasard ; j'ai fait tour à tour des drames où l'on riait et des vaudevilles où l'on versait des larmes ; je me suis essayé tant bien que mal à toutes ces choses frivoles ; je me suis enivré bien souvent avec mon ami Théodore, qui est mort et qui est dans le ciel. Maintenant me voilà, plus seul que jamais, racontant mes histoires comme un homme qui radote, histoires accommodées à la tristesse des temps présents. Hélas ! où est le temps de mes courses errantes sur les toits des villes espagnoles, quand j'étais le diable boiteux ! »

Comme il disait ces mots, le diable se leva tout droit sur cette légère barre de fer où il était à cheval.

« Qu'est devenue, lui dis-je, cette affreuse Léonore ?

— Elle est morte, reprit-il, avant 1830, en odeur de sainteté et en priant tout haut le Ciel d'être miséricordieux pour sa sœur Louise. Les cendres de Louise ont été jetées aux vents ; Léonore repose sous un marbre noir recouvert de larmes d'or. Elle eût été canonisée sans la révolution de Juillet. »

Disant ces mots, le diable se plongea dans l'épais nuage, et il disparut en poussant le soupir plaintif d'un simple mortel.

# ROSETTE

J'AIME assez les romans : ils allégent la vie heureuse; ils sont le rêve éveillé. Mais parlez-moi des petites histoires d'autrefois, des romans de quelques pages, et non pas de ces inventions sans paix ni trêve, qui exigent un mois de lecture. Il n'y a rien de plus triste; on s'y perd, on s'y vieillit. Que si, pour rajeunir son sujet, l'auteur se fraye un chemin sanglant à travers des meurtres impossibles, ou bien si, pour animer ses héros, il les conduit en mauvaise compagnie, à l'avant-dernière bouteille, au dernier couplet, voilà nos héros sous la table avec nos héroïnes. Quel dommage que nous ayons perdu le secret des petites histoires amusantes et joviales d'autrefois !

Autrefois c'était le bon temps pour les petites

histoires; le roman en vingt volumes sales et mal imprimés, délassement des cuisinières, des crocheteurs et des marquises, eût fait reculer d'horreur les laquais et les femmes de nos duchesses. Un auteur qui se respectait faisait paraître son histoire à distance, en plusieurs parties séparées, quand l'histoire était trop longue. Il fallut dix ans pour la suite de *Gil Blas*.

*Candide* était la mesure excellente de ces petits contes. M$^{me}$ de Pompadour, qui s'y connaissait, aimait les petits livres qu'on lit tout bas, dans le creux de la main, d'un coup d'œil, et qui se cachent sous le pli d'une dentelle quand arrive en bâillant quelque roi importun. Littérairement parlant, je pleure encore M$^{me}$ la marquise de Pompadour : elle a emporté dans sa tombe le secret du joli.

Le joli ! Était-elle assez jolie... Je ne sais quoi sans définition. Échos, parfums, rayons ! un faux brillant et un feu follet... il arrive, il entre, il se pose, il rit dans la glace, il s'assied à table avec vous, il chante, il minaude, il écrit de petits billets, il aime à la rage les opéras et les belles danseuses, il s'occupe en minaudant de petite musique et de petits vers, de petites intrigues, de tout ce qui est mignon, vif, léger, frivole ! Ah ! vive le joli ! C'est le joli qui a taillé les verres à facettes, inventé la poudre à poudrer, les mouches et les ballets; il a fixé les amours aux plafonds, il a jeté son fard à la joue; il enrubanait Voltaire à la marquise du Châtelet, le roi Stanislas à M$^{me}$ de Boufflers, Dorat à M$^{lle}$ Fannier, Louis XV à la comtesse du Barry. Pauvre petit monstre! il est parti avec M. Voisenon et M. Crébillon fils. Il est parti; on croyait que le beau allait venir à sa place, il n'est pas venu, et nous autres, nous sommes restés par terre, entre le beau et le joli, à peu près comme l'art dramatique entre les deux théâtres français.

Mais, en attendant le beau par excellence, qui nous rendra le joli que nous avons perdu? La littérature de l'Empire en vivait avec l'art de M. Demoustier, de Luce de Lancival, de M. Andrieux, de M. Jouy, de M. Bouilly, et tant d'autres messieurs, et tous les autres! Mais que dit Montaigne? « L'archer qui outre-passe le but faute comme celui qui ne l'atteint pas. » Ces illustres archers, partisans du joli, ont manqué le but en l'outrepassant. A force de courir après le joli, ils sont tombés dans le trop joli : abîme immense dont la littérature de l'Empire ne se relèvera jamais.

Quoi qu'il en soit, je regrette le joli, comme les amateurs de boston ou de reversi regrettent le reversi et le boston. Des jeux plus modernes ont remplacé les jeux de leur enfance, et les jeux qu'on leur fait jouer, ils les jouent mal, ils les jouent en se rebiffant. Pauvres bonnes gens! leur histoire est l'histoire de nos faiseurs du moyen âge, ou de nos fabricants de terreurs révolutionnaires. Ils font du moyen âge ou de la terreur avec tant de peine et de périls! Le joli, c'était sitôt fait.

Je lisais naguère un joli conte intitulé *Rosette*. Il est gai, vif, amoureux, charmant, ce petit conte! on le dirait écrit avec la plume d'*Angola* ou des *Bijoux indiscrets*. Laissez-moi vous le redire, et, s'il vous plaît, nous laisserons parler notre heureux marquis (c'est un marquis!) toutes les fois qu'il voudra parler [1].

Bien entendu que c'est le héros de mon histoire

---

[1]. Lorsque ce conte parut dans l'*Artiste*, un bibliographe, célèbre par son érudition encyclopédique, sa mémoire trop souvent infidèle, et l'art avec lequel il se plaisait à égayer par de petites perfidies les colonnes un peu monotones de son catalogue, s'avisa d'accuser J. Janin de plagiat. Il révéla aux curieux, avides de scandale, que ce conte de *Rosette* n'était autre que le roman de *Thémidore*, œuvre oubliée de Barbier d'Aucourt. Or *Thémidore* forme un livre de 260 pages, et *Rosette* en a vingt-cinq.

Cette accusation portée par Quérard contre un des écrivains les plus féconds et les plus variés de notre temps était d'autant plus maladroite que, dès la première page de ce pastiche spirituel et charmant, J. Janin avait pris le soin de prévenir les lecteurs de l'emprunt qu'il avait fait au romancier du XVIII<sup>e</sup> siècle.

Il lui avait plu de rajeunir dans un tableau vif et piquant les qui parlera souvent en son propre et privé nom. Il n'y a pas de meilleure entrée en matière que celle de Gil Blas : *Je suis né de parents,* etc.

Vous voilà donc face à face avec ce joli petit-maître écrivant à l'un de ses amis, le talon rouge ; et de tout ce qui doit s'ensuivre, joli ou beau, je me lave parfaitement les mains avec de la pâte d'amandes, de l'eau de rose, dans une porcelaine de vieux sèvres, une dentelle de Malines pour essuie-main.

« Enfin, marquis, j'ai possédé la belle Rosette. » Je vous fais remarquer ce commencement, classique en ce temps-là, et ce ton leste, et cette expression qui va droit au fait : *j'ai possédé !* Notre marquis commence positivement comme Desgrieux, comme Saint-Preux et tant d'autres ont commencé. Mais revenons à cette narration, qui déjà doit vous intéresser.

procédés de composition de ces peintres de la vie galante au siècle dernier qui, comme Barbier d'Aucourt et l'abbé Prévost, ont donné la note réaliste des mœurs faciles de leur temps.

Cette nouvelle est donc beaucoup plus, — et J. Janin l'a fait suffisamment entendre dans son préambule, — une sorte d'étude littéraire qu'un roman proprement dit. C'est surtout à ce titre que nous l'avons recueillie et comme un des modèles les plus réussis de la souplesse de style de l'auteur de la *Fin d'un monde.* N'est-ce pas d'ailleurs par de tels exercices que J. Janin s'est approprié ce merveilleux esprit d'assimilation qui a causé la surprise de tous ceux qui ont admiré ce beau livre, l'un de ses plus incontestables titres de gloire ? — A. DE LL F.

« Voici son portrait, marquis (le portrait de Rosette) : Elle a de l'esprit, du *jugement*, de l'imagination, des *talents ;* extérieur *éveillé,* démarche légère, bouche petite, grands yeux, belles dents ; *grâces sur tout le visage*. Rosette *entend au premier coup d'œil,* elle part à votre appel, et vous rend aussitôt votre déclaration. Voilà celle qui a fait mon bonheur. »

Ainsi était faite *Rosette* au siècle passé. Aujourd'hui Rosette est pâle, mélancolique et sur elle-même affaissée... un vrai saule pleureur. Rosette une précieuse, un saule pleureur ! Elle *n'entend pas le coup d'œil,* et ce n'est qu'au bout de trois cents pages qu'elle *vous rend votre déclaration,* si encore elle n'est pas noyée ou pendue dans l'intervalle. Vive la Rosette d'autrefois !

« Voilà comme ce bonheur me vint, cher marquis. Il y a huit jours, en allant au Palais-Royal, je vis arriver le président de Mondonville ; *il était pimpant à son ordinaire,* la tête haute et l'air content ; *il s'applaudissait par distraction,* et se trouvait charmant par habitude. Il badinait avec une boîte d'un nouveau goût ; dans cette boîte, empruntée à son *petit Dunkerque,* il prenait quelques légères prises de tabac, dont, *avec certaines minauderies,* il se barbouillait le visage. « Je suis à « vous, » me dit-il. Ainsi disant, il *court au méri-*

*dien.* » Ce dernier trait du président Mondonville est le seul qui puisse s'appliquer aux présidents de cette époque : régler sa montre au méridien ou au canon du Palais-Royal est une occupation convenable à un magistrat; mais *l'air pimpant,* où est-il ? Les *minauderies,* que sont-elles devenues ? c'est à peine si nos magistrats de trente ans osent sourire. Oyons cependant le président de Mondonville et son ami le marquis.

« Mon cher marquis, dit le président, voulez-vous une prise d'Espagne ? c'est un marchand arménien, là-bas, sous les arbres, qui me l'a vendu. Mais ! vous voilà beau comme l'Amour ! on vous prendrait pour lui, si vous étiez aussi volage. Votre père est à la campagne, eh bien ! divertissons-nous à la ville. Quel désert ce Paris ! Il n'y a pas dix femmes ! Aussi bien celles qui veulent se faire examiner ont des yeux à choisir. » Ainsi parle le grave président à notre marquis.

« Touchez là, ajoute le président, je vous fais dîner avec trois jolies filles ; nous serons cinq, *le plaisir sera le sixième ;* il sera de la partie puisque vous en êtes. J'ai renvoyé mon équipage, et Laverdure doit me ramener un carrosse de louage... *en polisson.* »

Ainsi dit le président. Il est, comme vous voyez, un bon vivant et prêt à tout ; improvisant le plaisir comme Antony improvise un meurtre, et puis, comme on disait dans ce temps-là, *il a du génie et de l'honneur, mais il tient furieusement au plaisir.* Il mène une belle vie! Au bal toute la nuit, à sept heures du matin au Palais; il n'est ni pédant en parties fines, ni dissipé à la chambre; charmant à une toilette, intègre sur les fleurs de lis; sa main joue avec les roses de Vénus, et tient toujours en équilibre la balance de Thémis. (Je crois, sans vanité, que j'attrape assez bien le style précieux.)

A la proposition du président : « Amusons-nous! à demain les affaires sérieuses! » le marquis dit *oui* tout aussitôt, et voilà les deux amis qui sortent gravement du Palais-Royal. Ils traversent la place, entre Charybde et Scylla, garnies de vestales *parées comme des mystères;* ils passent devant le café de la *Régence,* veuf de la dame ornement du comptoir, dont la fuite a tant excité la verve des chansonniers. Au coin de la rue ils trouvent Laverdure sans livrée, et son carrosse sans armoiries. « Tout est prêt, dit Laverdure; M$^{lle}$ Laurette et M$^{lle}$ Argentine vous attendent; M$^{lle}$ Rosette est indisposée et vous fait ses excuses. » Quel malheur! Rosette indisposée! et voilà notre marquis tout pensif.

Cependant ils montent en carrosse; le marquis est muet, le président ne déparle pas!

« Voyez, dit-il, ce grand Flamand qui passe ; il est au-dessus et au-dessous de nous, de toute la tête! Voyez marcher, à pas comptés, le sage Damis ; à le voir, on le dirait ingénieux et spirituel ; sa physionomie est menteuse, oui-da ! cet homme est bon, tout au plus, à être son propre portrait. » En passant dans la rue Saint-Honoré, devant la boutique du bijoutier : « Je n'ose, dit-il, regarder la porte d'Hébert, il me vend toujours mille bagatelles malgré moi ; combien de colifichets avons-nous échangés pour des lingots d'or ? » Ainsi, médisant et se vantant... de leur ruine, ils arrivent à la porte de Laurette et d'Argentine.

Bien que ces dames ne ressemblent guère à nos héroïnes de romans, dont chaque mouvement est une mélodie, elles sont cependant dignes d'intérêt et d'attention. Argentine et Laurette montent en carrosse, on lève les stores, et puis, fouette cocher ! jusqu'à la *Glacière*.

A la Glacière est située la petite maison du président. L'extérieur annonce une cabane... entrez ! l'intérieur vous dédommage. Au dehors, c'est la forge de Vulcain ; au dedans, c'est le palais de Vénus.

Ces petites maisons-là sont d'invention diabolique... à la porte est assis le mystère, le goût les construit, l'élégance en meuble les cabinets. On ne rencontre en ces taudis charmants que le simple nécessaire, un nécessaire plus délicieux que tous les superflus. Fi de la sagesse et du sens commun! « la Glacière » est une fournaise, et le secret, qui fait sentinelle, ne laisse entrer que le plaisir...

Alors on dîne. Il n'est rien qui se compare au menu de ce dîner, fait par un cuisinier qui vient de Versailles. Imaginez toutes les recherches succulentes. Bon repas, aimable causerie et gaieté! Dans l'intervalle qui sépare la *bisque* du relevé de potage, on parle en riant de *Dardanus*. En ce temps-là, parmi les sujets sérieux de conversation, l'Opéra tenait la première place, et la Cour n'avait que le second rang. Au beau milieu de la causerie on présente aux convives deux entrées. La dispute est calmée, tout le monde est remis *dans son assiette et sur son assiette*.

En notre sotte année de 1832, les romanciers sont prodigues de portraits, surtout de portraits de femmes. Ils vont vous faire, et très-facilement, vingt-cinq pages sur une brune, et quarante sur une blonde. Autrefois ces belles images se faisaient en deux traits, d'un crayon net et vif. Déjà vous avez eu celui de Rosette, en trois mots; écoutez ceux de *Laurette* et d'*Argentine*. Ah! les belles figures qui vous suivent et vous provoquent! les doux rires! les lèvres vermeilles! Dites-moi, ami, si M. Henri Delatouche lui-même a fait quelque chose de mieux?

Laurette est jeune encore, un peu moins qu'elle ne le pense : admirez cette grande fille, à l'œil noir, à la jambe grêle, une danseuse, et qui pourrait se faire un voile de ses épais cheveux noirs; Argentine est une *maman,* la main blanche et potelée, un sourire excitant, l'œil fermé à demi, grand pied bien fait et retroussé; toutes deux belles personnes, et chantant le couplet à ravir... On chantait beaucoup en ce temps-là.

Quant à l'ajustement de ces dames, le voici tel que je le sais : Argentine était en robe détroussée de moire citron; Laurette était parée, elle avait du rouge. Toutes les deux étaient ajustées par la *Duchapt*.

Tout à coup, à la fin du repas, le vin de Champagne éclatant de sa riante écume au bruit des bouchons, légère et riante, entre en riant la belle et vive Rosette. O bonheur! la voilà! c'est elle! Après un salut de joie, elle fait le tour de la table et tend aux convives son front charmant. Est-elle assez jolie, assez piquante, et provocante avec un petit bruit des lèvres, un appel irrésistible? Ah! Rosette!

Rosette est sans paniers, *avec le plus beau linge*

*du monde,* une chaussure fine et le plus petit pied qui se puisse voir. Le dessert arrive. On boit, on casse les bouteilles, et les verres, les assiettes ; on jette un peu les meubles par les fenêtres ; ces dames s'amusent comme des marquises. C'était la mode au départ des officiers pour l'armée, on cassait les porcelaines, on ébréchait les miroirs ; on brisait le dernier verre où pétillait la santé de ces folles amours. Cela s'appelait *faire carillon.*

Quand tout est bu, et tout brisé, on se promène à travers le jardin ; après la promenade, *on fait un médiateur.* Le président joue avec un bonheur sans égal ; Rosette est outrée, et répète à qui veut l'entendre qu'elle est en péché mortel, parce qu'elle ne voit pas un as noir. Ces dames trichent tant qu'elles peuvent ; puis, la nuit venue, on monte en carrosse, et chacune et chacun rentre ou chez *elle* ou chez soi. Voilà, je l'espère, un petit roman bien préparé.

Moi, j'aime assez ce joli roman, et je continue ; il ne va pas plus loin que le *comme il faut* le plus strict, et qui que vous soyez, voire M. Paul de Kock, je vous mets au défi de me citer un conte humoristique, fantastique ou romantique plus décent que celui-là.

Le lendemain de cette fête *carillonnée,* le marquis n'a rien de plus pressé que d'envoyer savoir des nouvelles de Rosette. A midi, étalé dans son carrosse, il se fait conduire au Luxembourg. Au sortir du jardin, il monte en grand mystère dans une chaise à porteurs, il arrive ainsi chez Rosette. Elle est à sa fenêtre, qui le regarde en souriant d'en haut. Il entre. O dieux et déesses ! Rosette est coiffée en négligé; elle est vêtue d'*un désespoir couleur de feu,* elle porte un corset de satin blanc, une robe brodée des Indes. Le second mot de Rosette est celui-ci : — « Dînez-vous avec moi, marquis? »

Le marquis (le matin il a fait des armes chez Dumouchelle) accepte hardiment le dîner de Rosette ! Ah ! ce vieux siècle avait sur le nôtre un grand avantage, il était grand mangeur et grand buveur, et le reste !

Après le dîner, il faut bien que Rosette fasse un bout de toilette, et le marquis se souvient qu'il n'a pas encore salué son père : c'est un devoir auquel, même en l'honneur de Rosette, il ne voudrait pas manquer ; et le voilà qui se rend à son devoir.

Ici (c'est une moralité de cette histoire) on vous fait remarquer la toute-puissance paternelle très à propos à cette époque. Les héros des livres et des histoires de ces temps ont toujours leurs parents présents à leur pensée. Ils s'inclinent donc, tremblants et respectueux, devant l'autorité paternelle. Héloïse est renversée à terre par un coup de poing de son père; Desgrieux est à genoux devant son père, implorant vainement sa pitié; Faublas est emprisonné par son père; et que dites-vous du comte de Mirabeau expiant ses amours dans le donjon de Vincennes? L'autorité paternelle est partout dans ces livres; — vous ne me citerez pas un roman moderne, à trois ans de date, où le héros parle de son père ou de sa mère; le seul Antony, par la très-bonne raison qu'Antony est un bâtard. Ne soyez donc pas si fiers, romans modernes, de votre moralité. Je reviens à mon marquis.

Le marquis va chez son père. Il fait sa cour. Il lui raconte une foule d'anecdotes, il l'amuse. A peine s'il se donne le temps d'envoyer *à Rosette* une navette d'or, et de lui demander à souper pour le soir.

Rosette, qui aime à faire des nœuds, accepte la navette d'or en échange du souper. Neuf heures sonnées, le marquis donne le bonsoir à son père en lui baisant la main, puis il se fait conduire en voiture derrière l'hôtel de Soubise; derrière l'hôtel il prend un fiacre qui fait quelques difficultés pour marcher. Ce fiacre est marqué au n° 71 et à la lettre X.

Il y avait alors en France une espèce de jeu fort répandu, qui rendait souvent un fiacre assez dangereux pour celui qui avait besoin de l'incognito. Des oisifs, arrêtés à la porte des cafés, jouaient à pair ou non sur le chiffre des premiers fiacres qui passaient. Cet accident, si commun, arriva justement au fiacre du marquis.

Le marquis arrive, entre chez Rosette, où il a fait porter sa robe de chambre de taffetas. La robe de Rosette, de taffetas bleu, *flottait au souffle des zéphyrs.*

Pendant que Rosette en mille grâces se montre, joue avec son chat, boit des liqueurs à petites gorgées, et se livre à toutes les folâtreries de sa jeunesse, hélas! un grand danger la menace! Il y va de sa liberté, de sa vie! Le bruit était, au Marais, d'une méchante affaire arrivée à un jeune homme de famille, dans une maison de jeu, et, ce même jour, le père du marquis, apprenant que son fils, qui s'est retiré de si bonne heure, a pris, comme on dit, la clef des champs, s'inquiète et s'alarme. Où donc est mon fils, le marquis? Un ami de la maison, nouvelliste de profession, lui apprend qu'on a vu passer, devant tel café, un fiacre au n° 71 — X, dans lequel était le marquis. Sur-le-champ le père appelle un commissaire de police. Le commissaire, qui sait son monde et qu'il a affaire à un homme de la Cour, arrive sur-le-champ. On cherche le fiacre 71, on le trouve, on le saisit, on l'interroge, et le pauvre diable se croit perdu. Après bien des questions, le cocher sait enfin ce qu'on lui demande. Il monte sur son siége et il conduit droit chez Rosette le commissaire et le père irrité.

Alors Rosette, à ce bruit du guet entrant chez elle, envahissant ses chambres dorées, la pauvre enfant, sans défense et sans appui, tremble et demande à ces tristes envahisseurs ce qu'on veut d'elle? Le père du marquis lui répond que sa destination est marquée sur un ordre qu'on lui fait voir. La douleur accable Rosette; elle se roule aux pieds de son bourreau, à demi nue... elle attendrirait des rochers, mais le vieux duc est inflexible. Rosette, au désespoir, demande, hélas! mais en vain, du secours à son ami le marquis: le marquis n'obéit qu'à son père. Ils se soumettent tous les deux aux plus grands pouvoirs de cette époque: l'amoureux à son père, l'infortunée Rosette à la lettre de cachet.

Je vous prie, une fois pour toutes, vous qui faites des romans, de regretter ce moyen terrible, expéditif, la lettre du *petit cachet du Roi,* comme on disait alors; la perte des lettres de cachet nous a ruinés, nous autres romanciers. Le peuple, entrant à la Bastille, a chassé *la folle du logis* de son logis le plus commode. Savez-vous, je vous prie, dans les tragédies grecques, un dieu, quel qu'il soit, qui intervienne plus à propos que le lieutenant criminel dans les romans du XVIII<sup>e</sup> siècle? Manon Lescaut, ce grand chef-d'œuvre où commence (il en faut bien convenir) la Virginie de Bernardin de Saint-Pierre et l'Atala de M. de Châteaubriand, Manon Lescaut, protégée et défendue par la liberté des lois modernes, Manon Lescaut avec un avocat dévoué qui l'arrache à ces violences de la force, y perdrait ce qui la rend si touchante, à savoir, le martyre. Eh! le bon La Fontaine, à cette suppression de l'*absolu*, perdrait ses plus beaux vers :

<blockquote>Elle s'en va peupler l'Amérique d'amour.</blockquote>

Voilà donc Rosette en prison, parce qu'elle a donné à souper à un beau jeune homme. Ah! pauvre Manon! pauvre Rosette! pauvres jolies et tendres femmes hors la loi, qui obéissiez si facilement, si simplement au commissaire! allez rejoindre à son couvent la maîtresse de Mirabeau!

A la Bastille ordinairement se passe la deuxième et dernière partie des romans du joli siècle. Le boudoir est l'antichambre de la Bastille. Au premier chapitre, le héros ou l'héroïne sont occupés uniquement à se faire mettre en prison. Je ne ferai donc aucun changement à la marche ordinaire, et, bien plus, fidèle à l'usage, nous allons employer toutes nos ressources à tirer Rosette de cette malheureuse position.

Le marquis, soumis à son père, est rentré à l'hôtel tout pensif. Ne pouvant se servir de la force, il emploiera la ruse à sauver sa chère maîtresse. Dans toutes les grandes maisons de ce temps-là il y avait un *directeur* en titre, un abbé, maître de la maison, qui servait d'intermédiaire entre le fils et le père, quand ce dernier était irrité. Assez souvent, cet abbé s'appelle Ledoux; il est gourmand, dormeur, entêté, vaniteux, accessible à la pitié; pour peu qu'on le flatte, on est sûr de lui. Le premier soin du marquis est de faire appeler M. Ledoux. Il fait entrer M. Ledoux dans sa bibliothèque, il lui montre en détail ses livres défendus; dans la chambre à coucher, il lui fait admirer ses miniatures et ses gravures; il en a pour plus de 200 louis; puis il lui fait accepter plusieurs pots de confitures, dont M. Ledoux est très-friand. A la fin, quand il voit que l'abbé est tout disposé à le servir, il lui parle de ses amours et de Rosette. Il la présente au sensible abbé telle qu'elle était, cette nuit-là, bondissante, échevelée, agenouillée et les mains jointes. Et voilà M. Ledoux qui s'en va, promettant de s'intéresser à Rosette, et s'y intéressant déjà du fond de son faible cœur.

Hélas! hélas! pendant ce temps, que fait Rosette? La pauvre fille est enfermée à Sainte-Pélagie, *par ordre du roi et pour son bien;* Sainte-Pélagie, un port de salut où les bons exemples ne lui manqueront pas. A peine arrivée, toutes les religieuses viennent contempler la belle Rosette. On plaint Rosette; elle pleure, elle est encore à demi nue, en plein chagrin, ses beaux yeux baignés de larmes, la coiffure chiffonnée... Elle est si triste! Un beau jour, Laverdure, le valet de chambre, cherche Rosette, il apprend en quel lieu funeste elle est enfermée, et, sous les habits d'une femme, il entre au couvent, il voit la jeune captive.... Il lui donne un louis de la part du marquis, et s'en revient porteur de bonnes nouvelles. Digne Laverdure! aujourd'hui le confident est encore un moyen qui nous manque. Ni laquais ni soubrette, ah! comment nouer son drame? Comment remplir, sans le secours de ces acteurs secondaires, les intervalles que laisse entre ses diverses parties la comédie la mieux faite? Autrefois, le laquais était un personnage indispensable; il appartenait au drame, à l'action. Aujourd'hui, c'est à peine si, dans un roman, l'on se permet un commissionnaire qui porte une lettre d'un quartier à l'autre. Nous dansons sur un fil d'archal sans balancier, et les deux pieds dans un panier.

Dans la lettre de Rosette à son marquis il y a nécessairement une phrase ainsi conçue : — « Faut-il que je sois malheureuse, pour avoir adoré un homme qui mérite, hélas! toutes mes adorations?... Adieu. Je vais pleurer mon malheur. Je vous aimerai éternellement! Rosette. » Que si ce ton de passion subite vous étonne en cette aimable fillette si réservée et si polie avec son marquis, c'était un des avantages de la persécution et des cachots appliqués à l'avenir. Ils ennoblissaient la passion la plus vulgaire; ils faisaient d'une malheureuse fille, un héros, un martyr; ils la mettaient tout d'un coup au niveau de son amant, quel qu'il fût; ils lui donnaient le droit de lui parler de son amour, et d'un amour *éternel,* encore! Telle qui n'eût pas osé regarder son amant en face..... une fois en prison, lui parlait d'égale à égal. J'imagine, encore une fois, que ces pauvres filles ont beaucoup perdu en considération, en amour, en honheur même, à la suppression des lettres de cachet.

Quand le marquis a découvert le couvent... la prison de Rosette, il invite un matin l'abbé Ledoux à prendre avec lui le chocolat. Pour plaire à

M. l'abbé, le jeune marquis lui lira, s'il le faut, les *Nouvelles ecclésiastiques*, pleines d'injures contre les évêques constitutionnaires. Le déjeuner fini, le marquis conduit l'abbé chez M. le président Mondonville. Montés en voiture, M. l'abbé prie instamment M. le marquis de ne pas aller à toute bride dans la rue, ajoutant que les lois ecclésiastiques lui ordonnent à lui, l'abbé, d'aller au pas. Le marquis enrage et cependant il se résigne à ne pas brûler le pavé, pendant que plusieurs seigneurs traînés par de mauvais chevaux *se font un honneur infini par leur course rapide*. En passant devant l'Opéra, M. Ledoux fait le signe de la croix : un ecclésiastique ne manquait jamais à cette formalité; c'était le bon temps de l'Opéra. A la fin ils arrivent chez le président Mondonville. Le président les reçoit d'un air grave. Après avoir forcé M. Ledoux de se rafraîchir, il demande à ces messieurs en quoi il peut leur être utile. Alors le chevalier parle de Rosette, il se plaint de la lettre de cachet, il atteste M. Ledoux en témoignage de ses bonnes intentions. Il a beau dire, à ce discours pathétique le président reste impassible. « Oh! oh! le cas est grave et je n'y peux rien : Dieu et ma conscience me défendent de me mêler de cette affaire; ne m'en parlez plus, mon cher marquis. Il est vrai, ajoute-t-il négligemment, que cette fille-là pense bien *sur les affaires du temps;* et même elle a eu des *convulsions!* »

A ces mots, *fille qui pense bien* et *convulsions*, l'abbé prête une oreille attentive. A ses yeux, Rosette a pris tout à coup l'autorité d'une quasi-sainte. A l'heure où nous voilà, les controverses religieuses tenaient la place des controverses politiques. Chaque faction avait ses saints et ses martyrs. L'Église était divisée en deux camps. L'abbé Ledoux, en sa qualité de convulsionnaire, s'intéresse à Rosette, janséniste et du parti anticonstitutionnaire... et tout va bien !

Lorsqu'il s'agit du soulagement de leurs frères, tous les gens *du parti* sont très-ardents. M. l'abbé Ledoux, qui veut protéger religieusement Rosette, s'en va chez une de ses pénitentes, une dame de la *sous-ferme,* dévote de cinquante ans, *qui a eu l'orgueil* d'abandonner le rouge et les mouches, et s'est mise sous la direction de notre abbé. Cette dame a suivi très-assidûment les sermons du père Regnault, qui a choisi tout exprès une petite église à l'extrémité de la ville, afin *d'y faire foule.* C'est à cette inspirée que s'adresse l'abbé Ledoux pour délivrer Rosette. Il plaide, il persuade ; aussitôt la troupe entière des bigots et bigotes se met en campagn. M. Ledoux obtient, par ses amis, ordre de M. le lieutenant de police à la supérieure d'ouvrir à M. l'abbé la cellule de Rosette. Le soir, le marquis, impatient d'apprendre enfin des nouvelles certaines de la pauvre fille, *va faire un médiateur* chez M<sup>lle</sup> de l'Écluze, la femme soi-disant d'un officier qui donne à jouer, pour l'amusement des autres, et pour son profit personnel. M<sup>lle</sup> de l'Écluze tient une de ces maisons décentes *où il ne se passe rien,* mais la maison est commode, on y voit aisément de jolies femmes, sans scandale et sans avoir la réputation de les chercher. Le marquis imagine alors de se déguiser et d'aller voir Rosette; M<sup>lle</sup> de l'Écluze, dont le frère est abbé, lui prête un des habits de son frère, soutane, manteau long, rabat et le reste de l'ajustement; la perruque était modeste et arrangée « comme par les mains de la Régularité », la calotte était très-luisante et brillait avec affectation, enfin tout l'extérieur du marquis était uni, recherché et convenable à la représentation d'un directeur, « jeune à la vérité, mais qui n'en est que plus chéri des bonnes âmes ».

Dans cet équipage, notre ami monte en chaise et il se rend à Sainte-Pélagie. A Sainte-Pélagie, on le reçoit comme un docteur en Sorbonne, toutes les portes lui sont ouvertes; il voit Rosette, il parle à Rosette, il la console; il entre aussi dans la chambre de la supérieure, qui veut se confesser à lui. Quelle chambre, ô ciel! cette chambre monastique! Tous les récits et les descriptions de monastères et d'abbayes dans la *Reine de Navarre*, le XVIIIe siècle les a encore, il est vrai, enjolivés. Le marquis trouva l'abbesse à sa toilette : les dévotes en ont une moins brillante que les coquettes du monde, mais plus choisie et mieux composée. Les odeurs les plus nouvelles répandaient un parfum suave et léger dans cette chambre où respirait la sensualité d'une dévote.

Que cette supérieure en eût remontré, même à Rosette! Elle avait pour cellule un boudoir; pour lit, un sofa. Son linge de nuit, garni d'une dentelle d'Angleterre, était travaillé avec goût; sa robe de perse blanche, son jupon de satin violet, ses bas fins ainsi que sa chaussure, enfin tout son déshabillé accompagnait à merveille sa taille et sa figure. Ses yeux étaient tendres, et sa bouche était rose. En ce beau lieu, sanctifié par les saintes extases, l'aimable abbesse avait réuni la prière et la volupté, la méditation et le plaisir.

Bon! ce pastiche enfin me lasse; plus de copie et de *plagiat* (c'est le mot), s'il vous plaît; je vous raconterai tout simplement la fin de l'histoire de Rosette. Rosette a fini par être une honnête femme, et c'était, j'imagine, une bonne fin dont Rosette était digne. Elle était intelligente autant que jolie.

Après avoir suivi la loi commune et permis au marquis de se ruiner avec elle et pour elle, elle l'avait aimé toute une heure. Alliance heureuse entre les belles et les seigneurs, les fils des dieux et les filles de la pauvreté!... deux mondes bien différents, et qui pourtant se reconnaissaient et se comprenaient d'un coup d'œil.

Ils faisaient ensemble une alliance de quelques années... elle durait tant qu'il y avait richesse d'une part, et de l'autre jeunesse et beauté. Après quoi, si la dernière bougie était éteinte, et si la dernière bouteille de champagne était vidée, adieu Glycère, adieu Rosette! Ce pacte de plaisir et d'amour se rompait à l'amiable, et chacun des deux mondes rentrait dans ses limites naturelles : le jeune seigneur redorait son écusson et prenait en justice, à la Cour, la place de son père ; la jolie fille dépouillait ses habits de princesse et, laissant sous le seuil de son hôtel d'emprunt les grâces folâtres de sa jeunesse, elle redevenait une simple bourgeoise, se mariait à quelque honnête commis aux gabelles, à quelque honnête procureur au Châtelet, puis tout rentrait dans l'ordre accoutumé; si bien que, deux ans plus tard, à voir le grand seigneur à la Cour ou le magistrat sur son siége, on n'eût pas dit que c'était le beau Clitandre ; et, dix ans après, à voir la femme de l'officier

aux gabelles, réservée et sage, économe et janséniste effrénée, élevant sa fille dans la plus austère
vertu, vous n'auriez jamais dit que c'était la Cida-
lise aux yeux charmants que vous aviez connue
en falbalas et sans mouchoir, l'âme, l'esprit, le
cœur, la tête et la gorge au vent.

Donc Rosette, après bien des larmes et bien des
intrigues et des transports de haine et d'amour,
quittait la fatale prison ; elle est rendue enfin,
grâce à l'abbé, à ses fêtes, à son luxe, à tout ce
qui faisait sa vie... à Paris (l'ai-je assez dit?) La
voilà qui se marie ! elle trouve un mari fidèle,
honnête et bon, travailleur, un héros qui est entré un des cent mille premiers à la Bastille. Notre
marquis, de son côté, pour obéir à son père,
s'est marié, après avoir doté Rosette ; il a épousé
une jeune et belle fille, une Normande, une
blonde presque anglaise, M$^{lle}$ de Lurzai, qui lui
apportait vingt bonnes mille livres de rente en
fonds de terre. Le père du marquis, heureux de
voir son fils devenu plus grave, l'a grondé beaucoup moins depuis le jour de son mariage ; cependant il le grondait encore la veille de sa mort.

Voilà toute ma jolie histoire. Hélas ! qui nous
rendra ces temps heureux des belles histoires ? ces
petits boudoirs pleins de lumière et d'ombre, ces
vastes salons tout dorés, ces soupers de la nuit,

ces conversations du matin, ces abbesses coquettes, ces abbés charmants, ces conseillers petits-maîtres, ces jolies femmes abandonnées, rieuses, si patientes dans le chagrin ? Qui nous rendra la Bastille, Saint-Lazare et M. le lieutenant criminel ? Qui nous rendra les contes de Voisenon !

D'ailleurs, si vous êtes d'une morale austère à ce point que vous ne puissiez pardonner à la folle jeunesse ses heures d'emportement et de plaisir, j'ai un second dénoûment à mon histoire, et vous pardonnerez à Rosette sa légèreté, au marquis son amour. Cette société corrompue a payé, vous le savez, la part de sa corruption; ces jolis petits romans ont été suivis d'une terrible histoire : c'était un singulier successeur à Voisenon, M. de Robespierre !

Un matin, notre marquis, au plus fort de sa sagesse, honoré pour son courage et pour sa bonté, fut amené devant le tribunal révolutionnaire ! Innocent... il fut condamné... il fut exécuté le même jour.

Le même jour, Rosette, estimable bourgeoise de la ville de Paris, excellente mère, estimée de ses voisins, l'honneur de son mari, comme elle avait sauvé son curé proscrit, fut amenée devant le tribunal révolutionnaire et comdamnée à mort.

Ils moururent tous les deux, le même jour; et,

traînés sur la même charette, dans un dernier sourire. Il y avait dans ce sourire, une estime, une pitié, un tendre et doux souvenir. — Expiation ! expiation de leur bonheur, de leurs amours !

Pauvre Rosette et pauvre marquis ! Je ne suis pas sanguinaire, et pourtant, si vous me dites : ils sont mort innocents, je vous dirai : ils ne sont morts innocents ni l'un ni l'autre. Ce suplice injuste expiait les scandales de leur jeunesse ; ils avaient abusé, lui de sa fortune et de sa noblesse, elle de sa jeunesse et de sa beauté ; ils ont poussé de toutes leurs forces à la décomposition de cette société dont la chute les a entraînés. Ils sont coupables, les ruines amoncelées par eux retombent sur leur tête, et voilà tout.

Ainsi, jeunes gens de notre époque, je me rétracte : faites vos romans comme vous l'entendrez. Vos romans sont insipides, c'est bon signe pour la société dont vous êtes les historiens ; vos héros sont plats et fades, tant mieux pour eux, tant mieux pour vous, c'est que nous somme moins pervertis ; vos femmes sont sans intérêt, c'est leur gloire ! Elle sont sans intérêt, donc elle sont sans vices et sans passions. Vous-mêmes vous écrivez mal, au fait vous n'avez rien à dire : ah ! tant mieux encore, nous serons plus vite délivrés de vous !

J'ai acheté sur les quais poudreux, à travers les vieux meubles et les vieux livres, le portrait de Rosette, au pastel, par un élève de Latour. Elle est armée à la légère ; un teint de brune, éclairé d'un rayon d'avril ; deux beaux yeux, pleins de langeurs ; le plus joli nez du monde, indiquant cent mille choses, et tourné du côté de la friandise ; une grâce, un enjouement, une jeunesse élégante et badine ; la rose au corset, la perle aux dents, la neige au sein.

# HOLBEIN

Plus on va, et plus on s'aperçoit combien sont fausses les idées générales que nous avons presque tous sur la gloire des hommes ; notre éducation a été faussée sur ce point comme sur beaucoup d'autres.

La gloire, telle que l'entendent les historiens et les poëtes, est placée si haut que toujours, quand on nous parle de gloire, nous sommes tentés de relever la tête, de nous dresser sur la pointe des pieds et de regarder au-dessus de nous pour la voir, cette gloire, entourée d'une auréole resplendissante.

Partout, dans notre éducation morale, ce ne sont que rois, et guerriers, et ministres, ou tout au moins poëtes illustres, montés sur une grande misère, car il faut que tous les grands hommes soient montés sur quelque chose ; ou s'ils ne sont pas tout à fait des héros, ce sont tout au moins des philosophes suivis d'une école nombreuse, morts pour soutenir leur principe, comme Socrate; ou bien assis, comme Platon, sur le cap Sunium. Nos livres d'éducation & de morale sont ainsi faits : ils ne s'occupent que des sommités sociales ; ils n'en veulent qu'aux très-grands et à la gloire parée, qu'elle soit parée d'un manteau brodé ou d'une guenille. Quant à la gloire de plain-pied, à la gloire qui est de niveau avec tout le monde, à la gloire bourgeoise, à laquelle on peut donner familièrement la main, avec laquelle on peut s'asseoir à table et trinquer familièrement, il n'en est pas dit un mot dans les livres. Les livres n'aiment en général que la gloire grecque, romaine, italienne, française. Quant à la gloire bourgeoise, à la gloire hollandaise, si je puis parler ainsi, personne ne s'en est occupé encore. C'est si peu de chose, en effet, la gloire bourgeoise ! cela est si peu important, un homme en simple habit comme tout le monde ! Si bien que nous autres, qui avons été élevés dans ces préjugés cruels, nous sommes tout ébahis et tout étonnés quand nous venons à nous rencontrer pour la première fois en présence de ces hautes illustrations parties du peuple, qui sont restées peuple toute leur vie, même à la Cour, et qui ne sont sorties du peuple ni par excès de misère, ni par excès de fortune. Ce qu'il y a de mieux à faire en pareille occurrence, c'est de reconnaître et de saluer la gloire partout où elle se trouve, comme on salue une reine jeune et belle, quel que soit son vêtement ou sa demeure. D'ailleurs, une fois revenu de votre première surprise, vous verrez combien on se trouve heureux de découvrir un mérite caché, de s'agenouiller devant l'inconnu. C'est là une révélation d'un genre tout nouveau, dont il est beau d'être le pontife, dont il est beau même d'être le martyr. En effet, on trouve à exhumer les grands noms je ne sais quels secrets contentements intérieurs qui compensent, et au delà, toutes les peines que cette exhumation vous donne; on est fier de cet acte de justice, on est heureux de faire connaissance, le premier, avec ce grand homme qui fait avec vous ses premiers pas dans la renommée. D'ailleurs il vous a bientôt rendu protection pour protection : s'il s'appuie sur votre bras un instant, l'instant d'après il vous abrite sous son large manteau, une fois qu'il a marché.

Voilà ce qui m'est arrivé en écrivant la vie d'Albert Durer, le fils de l'orfévre, le petit-fils du marchand de bœufs. Je me suis trouvé tellement ému et intéressé au simple récit de ce grand artiste, si ingénieux et si bonhomme que, plus d'une fois, j'ai pleuré d'admiration en lisant ces lignes si naïves. Aujourd'hui mon héros n'a plus le même nom, n'a plus la même vie ; mais c'est toujours un grand artiste du même temps. Il ne s'agit plus du pauvre graveur dont la femme faisait la lessive, mais d'un peintre qui fut riche un instant et un instant grand seigneur, et qui est mort je ne sais où. Allons donc à Holbein après avoir passé par la pauvre maison d'Albert Durer ; seulement, après avoir lu, à propos de Durer, une histoire si complète qu'elle ressemble à un journal, vous allez lire cette fois une biographie si extraordinaire qu'elle ressemble à un roman. Biographie ou roman, j'aurai été véridique autant qu'on peut l'être quand on a grande envie d'être vrai, et qu'on n'a pas besoin d'autre chose pour intéresser.

Holbein naquit à Augsbourg en 1498, cette grande époque d'émancipation dans tous les genres. Le père d'Holbein était un peintre ; car à cette époque où les liens de l'autorité étaient encore dans toute leur force, quoique bien près d'être rompus, nous trouvons presque toujours le fils obéissant à la profession du père, et devenant grand homme ou grand artiste quand il ne peut faire autrement ; comme aussi vous trouverez toujours, en remontant au berceau de ces hommes à part, des émigrations lointaines, des exils volontaires, des déplacements continuels, indices certains d'un malaise général ou d'une âme inquiète. Holbein voyagea de bonne heure ; il fut transporté de la ville d'Augsbourg à Bâle, en pleine Suisse ; et c'est là qu'il étudia la peinture en même temps que ses deux frères, Ambroise et Bruno. Les trois frères Holbein avaient pour maîtres leur père d'abord, et ensuite leur oncle Sigismond, artiste habile et ingénieux. Sigismond Holbein, oncle de Hans, n'était cependant qu'un orfévre ; mais il était dessinateur et graveur distingué ; il gravait également bien sur le cuivre, sur le bois et sur le fer. Aujourd'hui encore, les amateurs les plus exercés confondent ses gravures avec celles de son illustre neveu. Entre autres débats, on n'a pas encore décidé lequel des deux, du neveu ou de l'oncle, a gravé l'alphabet orné de vignettes tirées de la Bible. En bonne justice, et dans le doute, on devrait laisser cet alphabet à Sigismond Holbein : son neveu en a si peu besoin !

Après quelques leçons de son oncle, Holbein à lui seul fit le reste. C'est extraordinaire, cela : un enfant perdu au milieu de la Suisse, qui devine toutes les ressources du dessin et de la couleur ! un peintre de ce temps-là, et un si grand peintre, qui ne perd pas de vue les montagnes chargées de neige, et qui est grand peintre sans faire le voyage d'Italie! L'Italie, en effet, c'est la terre promise de l'artiste, c'est son école, c'est son modèle, c'est sa vie. C'est là-bas, sous ce ciel bleu, sous ce soleil éclatant et chaud, sur cette terre chargée de chefs-d'œuvre; c'est là-bas, au milieu de ces passions qui bouillonnent, de ces nations qui se croisent, de ces héros qui sont entrés vainqueurs à Rome, vainqueurs par les armes, et qui en sortent vaincus par une force supérieure; c'est là-bas, dans ce beau point de vue, que se trouve l'art. Holbein n'alla pas en Italie; il travailla tout seul, livré à ses propres inspirations et trouvant des modèles dans son âme. Encore enfant, il attirait déjà l'attention des bonnes gens de la ville de Bâle; à quatorze ans, il s'était acquis l'admiration de la foule. Ses dessins étaient recherchés; on lui demandait déjà des portraits; il avait fait déjà le portrait de son père et celui de son oncle d'une vérité frappante; en un mot, le succès du jeune artiste fut si grand qu'à l'âge de quinze ans on confia à sa peinture la façade d'une très-honorable maison d'un bourgeois de Bâle, qui se risqua à la faire peindre par Holbein.

Vous allez peut-être sourire; mais c'était la mode alors. Dans ce temps-là où, Dieu merci, les grands peintres ne manquaient pas, où la peinture était en honneur dans toute l'Europe comme une gloire à part et tout italienne, c'était cependant l'usage d'exposer sur les façades des principaux édifices de la ville les premières compositions des jeunes peintres qui voulaient se faire connaître. Un grand tableau était composé sous les regards de toute une ville; la ville jugeait ou critiquait; puis, quand tout était dit, la pluie et le vent et l'hiver effaçaient le tableau, ce qui n'était pas toujours un grand dommage. Holbein monta donc, lui aussi, sur l'échafaud du barbouilleur d'enseignes; il exposa ses premières idées en plein air, et les Suisses arrivaient autour de lui, admirant ce qu'il faisait pour eux et ce qui devait être perdu pour nous. C'est ainsi qu'ont été exécutées deux grandes compositions qui firent à juste titre l'admiration de leur époque, *une Danse de paysans,* au coin du marché de Bâle, et, sur le toit de planches qui recouvrait le pont, la *Danse des morts*. On n'a conservé de la *Danse des morts* que quelques gravures incomplètes, et cependant les faibles souvenirs de ce chef-d'œuvre ont eu sur la peinture une influence immense qui se fait encore sentir de nos jours. A la vérité, c'était de singuliers bourgeois que les bourgeois de Bâle, qui avaient de pareilles expositions au coin de leurs bornes, et ils auraient bien pu dire, en voyant le Louvre, ce que disait ce Gascon du bon temps des Gascons : *Voilà qui ressemble à la façade délicieuse de la maison de mon père.* Auriez-vous jamais cru que de véritables Suisses aient poussé à ce point l'amour et en même temps le luxe dans les arts? Mais il est bien avéré que de nos jours nous ne savons pas un mot de l'histoire.

Quand il eut fait ses preuves sur les murs des maisons bourgeoises et sur les planches des ponts, et avec le visage de son père et de son oncle, Holbein fut enfin admis à d'autres preuves plus honorables : de la façade des maisons il passa dans les appartements; les bourgeois et leurs femmes lui confièrent leurs visages. Voilà comment il a jeté à Bále une grande quantité de portraits, de tableaux d'histoire et de dessins originaux. Tout ce qu'Holbein a fait dans ce temps-là est admirable: c'était une facilité merveilleuse, même pour cette époque, où la fécondité était un des caractères du talent. Parmi les dessins d'Holbein, les plus beaux sont ceux tirés de la Passion. Rien n'est beau comme la *Passion* d'Holbein : c'est une suite de dessins d'une perfection achevée; ils forment eux seuls une galerie que l'on quitte toujours avec regret, et dans laquelle, après de longues réflexions, on découvre toujours des beautés nouvelles. Ici s'arrête la nomenclature des chefs-d'œuvre de notre Holbein avant son départ de la Suisse ; ici commence sa vie véritable, sa vie de roman et d'aventures, quand il devint grand seigneur à Londres sous Henri VIII, comme les peintres ses égaux devenaient grands seigneurs en Italie sous les Médicis.

Holbein était marié. Un jour que sa femme était venue le troubler dans son travail par une de ces insupportables tracasseries féminines qui ont jeté tant d'hommes de talent dans le célibat le plus triste comme dans un port tranquille, un homme entra chez Holbein, et, le voyant si triste et si affligé, et l'âme dans ce grand désordre :

« Qu'avez-vous donc, lui dit-il, mon cher Hans ?

— Hélas ! dit Holbein, vous me voyez le plus malheureux des hommes ! Ma femme est acariâtre et méchante ; elle est sans cesse à mes côtés, me fatiguant de son oisiveté et de sa mauvaise humeur. C'est un lourd et cruel fardeau que j'ai là ! Mon Dieu ! quelle différence entre cette femme et la femme que j'ai cru épouser ! Avant ses noces, c'était une jeune fille folâtre et rieuse, agaçante, et vive, et tremblante, pendue à mon chevalet toujours, toujours prête à me servir de modèle quand je peignais mes anges, une véritable beauté des montagnes, blanche, et ferme, et éclatante! Je l'ai épousée il y a de cela dix-huit mois, vienne le lundi de Pâques.

— Et à présent, reprit l'ami d'Holbein, à présent, voulez-vous que je vous dise ce qu'elle est, votre femme, Holbein? C'est une acariâtre et volontaire maîtresse, c'est un démon à votre chevet le soir, un réveille-matin bruyant et disgracieux; c'est un ouragan continuel qui vous opprime, pauvre Hans. A présent, elle n'est plus belle pour toi; elle ne songe même plus à être belle; elle n'est plus parée que pour les autres... Chez toi elle est négligée, triste, grondeuse; elle ne croit plus à toi ni à ton art; elle s'interpose entre toi et le soleil quand tu veux peindre, entre toi et le repos quand tu veux dormir, entre toi et le plaisir quand tu veux te livrer à tes folles bouffées de joie. A présent, et c'est la chose fatigante, cette femme t'apparait toujours comme un triste point d'interrogation toujours dressé devant toi; elle veut savoir la cause des moindres mouvements de ton âme, pourquoi tu es triste, pourquoi tu es gai, pourquoi tu n'es ni gai ni triste, secrets que tu ne sais pas toi-même. Ah! pauvre homme que tu es! Tu es un homme perdu, mon Holbein!

— C'est bien vrai cela, dit Holbein. Quelle triste destinée! Avoir tant de couleur et d'idée! avoir un si grand besoin de produire, une immense envie de liberté, de bonheur, de plaisir, et se trouver marié pour toujours! C'est bien malheureux, cela! »

Et il se promenait de long en large. Son ami le regardait avec un sourire singulièrement fin et moqueur. Cet homme était d'une taille médiocre, d'une physionomie très-indécise, entre la malice et la bonhomie, physionomie aux mille nuances, qui savait dire tout ce qu'elle voulait sans s'expliquer jamais. Cet homme était une puissance, cet homme s'appelait tout simplement Érasme.

Il abandonna ainsi son ami Holbein à sa mauvaise humeur; il aurait craint de l'affaiblir en la dérangeant. Holbein se promenait, considérant sous toutes ses faces sa position misérable, la faiblesse de son âme, la volonté énergique de sa femme. Plus il se débattait dans cet abîme, et moins il trouvait d'issue pour en sortir.

« As-tu connu Albert Durer? dit Érasme.

— Un grand artiste! reprit Holbein.

— Oui, dit l'autre, un grand artiste, simple, neuf, merveilleux, admiré, le roi de son art, travaillant nuit et jour pour vivre, et qui est mort battu par sa femme, lui, le noble Albert Durer! »

Holbein leva les mains au ciel en poussant un soupir.

Érasme reprit, et comme s'il se parlait à lui-même :

« O malheureux, malheureux Albert ! toute sa vie tourmenté ! en proie toute sa vie à cette mégère ! Elle aussi, avant les noces, elle avait été bonne, et svelte, et jolie ; mais, après les noces, elle est devenue disgracieuse et méchante... Voilà ce que deviendra ta femme bientôt. Prépare donc tes deux joues, pauvre Holbein ! »

Je n'ai pas la fin de cette conversation étrange, dans laquelle Érasme eut besoin d'appeler à son aide toute sa logique, tous ses sarcasmes, et, qui plus est, tout son sophisme, pour persuader à cet ami malheureux qu'il eût tout de suite à briser cette chaîne, à quitter ce despote, à se faire libre et heureux. Il fallut combattre longtemps l'incertitude d'Holbein... Quitter sa femme ! c'était là une action bien étrange pour ce siècle, une action incroyable. Sortir de la patrie, aller au loin, loin du foyer domestique, se faire jeune homme une seconde fois ! Et puis, où aller ? en quel lieu ? Qui empêchera sa femme de le rejoindre ? n'ira-t-elle pas le deviner en Hollande ou en Italie ? Holbein ; songeant à tant de dangers, était prêt à reprendre ses fers.

Mais Érasme avait une de ces volontés qui ne s'effrayent pas de si peu. Érasme, ce petit être que vous voyez se glisser si haut avec tant d'esprit et une patience si courageuse, est peut-être la volonté la plus ferme du seizième siècle. Bien entendu que nous ne parlons pas de Luther. Érasme a fait tout ce qu'il a voulu : il a été l'ami des puissances les plus opposées, il a conservé sa neutralité au milieu de tant d'opinions, de guerres et de conflits de tout genre qui ont remué l'humanité dans sa base ; il a été tout ce que pouvait être un homme dans ce temps-là sans être esclave ; il a été moine, artiste et grand seigneur ; il a été tout cela en même temps, tout cela si bien mêlé, si bien lié, formant si bien un seul et même tout, qu'il eût été impossible de définir Érasme. Voilà l'homme qui le premier devina le génie d'Holbein, voilà l'homme qui eut pitié de lui le premier, voilà l'homme qui l'arracha malgré lui-même à sa femme, à l'obscurité et à la misère, pour l'envoyer être tout-puissant et très-heureux à la cour du souverain le plus despotique et le plus cruel de l'univers.

Il fallut donc bien qu'Holbein, maîtrisé par cette volonté toute-puissante, finît par obéir. Holbein obéit donc, résolut de quitter sa femme et son pays ; mais où aller ? Et quand Érasme lui parla de l'Angleterre, le grand peintre recula d'un pas : il se figurait l'Angleterre comme un pays au delà du monde, inculte, sauvage, ennemi de tout ce qui ressemblait à l'art ; et puis quel ciel ! Mais Érasme l'ordonnait, il fallut partir : il partit.

Il partit, n'emportant avec lui que deux choses : une lettre d'Érasme et le portrait d'Érasme, qu'il avait fait avant de partir.

Cette lettre était adressée au chancelier d'Angleterre Thomas Morus, cet homme qui eut le bonheur de mourir d'une belle mort, ce rêveur dont l'utopie précède d'un siècle le *Télémaque* de Fénelon. C'était alors un des plus grands seigneurs du monde, le confident et l'ami de Henri VIII, un des chefs de cette nation anglaise qui se préparait au règne d'Élisabeth et aux grandes révolutions qui l'ont suivi. Je me suis procuré à grand'peine la lettre d'Érasme à son illustre ami ; elle est écrite en beau style latin. En voici une traduction aussi fidèle que j'ai pu la faire ; mais, malgré tous mes efforts, j'ai bien peur que toutes les grâces du modèle n'aient disparu dans ma version :

« Érasme de Rotterdam à Son Excellence Thomas Morus, grand chancelier d'Angleterre, salut.

« Il y a longtemps, Monseigneur, que votre humble ami Érasme de Rotterdam n'a reçu de vos nouvelles que par l'active renommée, qui parle de vous à tant de titres comme éloquent, comme homme d'affaires, comme homme de style, comme ami d'un roi qui n'est pas des derniers de la chrétienté. Malgré vos honorables encouragements, j'aurais eu peur, en mettant trop souvent mes indignes lettres sous vos yeux, de vous distraire de ces hautes pensées auxquelles est attaché le sort d'un peuple. Pardonnez-moi donc de vous avoir offert mes respects moins souvent que vous me l'aviez permis.

« Voici à présent que je vous adresse un grand peintre, comme vous verrez. Il s'appelle Hans Holbein, de la ville de Bâle. Il a fait ici beaucoup de merveilleux portraits ou dessins d'un caractère tout neuf. C'est un homme de passion, d'originalité, et d'un travail incroyable. Entre autres choses il a fait pour la ville, sur de méchantes planches, que Jupiter protége tout seul, une espèce de fantasmagorie qui serait fort de votre goût, Monseigneur, ou je me trompe fort. On y voit une grande confusion de morts qui s'ébattent aussi joyeusement et aussi gaiement que des chrétiens vivants pourraient le faire. Cela était sans exemple avant mon ami Hans, et j'ignore où il a pris ses modèles. Il faut qu'il ait assisté au sabbat par un clair de lune d'hiver.

« Outre son talent, sa patience, sa sobriété, sa parfaite résignation à la Providence, ce pauvre cher Holbein a encore un grand titre à votre bienveillance, Monseigneur : il est marié à une très-acariâtre et très-méchante femme. Sa résignation chrétienne a fini là; il n'a pu se résoudre à cet enfer, et il a pris la fuite, obéissant à la Providence. Soyez sa providence, Monseigneur.

« Quant aux nouvelles particulières, j'estime qu'il n'y a rien de nouveau. Vous avez entendu parler du moine Luther : il paraît que ce moine n'est pas si *écrasé* qu'on le dit tout d'abord. Mais ce sont là de ces sujets de conversation qui vous brûlent comme le fer en sortant de la fournaise. »

Ainsi vous retrouverez Luther partout et toujours.

Luther, ce moine *si peu écrasé*, avait cependant été fort attaqué par Thomas Morus, et surtout par Henri VIII, qui devint son plus grand appui plus tard, et qui fut le premier roi du monde à confirmer ses doctrines. N'est-ce pas, je vous prie, une singulière existence que celle d'Holbein, poussé par Érasme hors de son pays d'adoption, accueilli en Angleterre par le chancelier Thomas Morus, et protégé par le roi Henri VIII? Érasme, Thomas Morus, Henri VIII, Holbein, Luther, quels héros différents! quel beau roman historique on pourrait faire avec ces noms-là!

Puisque nous sommes en sa présence, arrêtons-nous quelque peu devant ce terrible Henri VIII. C'est un des hommes les moins étudiés et les moins compris que nous ait laissés l'histoire. On sait qu'il a vécu, régné, et qu'il s'est battu concurremment avec deux hommes qui ont tiré à eux une grande partie de la renommée contemporaine, François I$^{er}$ et Charles-Quint, ce qui était déjà trop pour que l'attention du monde y pût suffire. Henri VIII a été tellement entouré de sang, et de quel sang! du sang de ses femmes versé par le bourreau, qu'on a bien de la peine, ou même de la répugnance, à le regarder en face. L'attention des peuples s'est bien mieux arrangée des exploits héroïques de ce fou couronné, si spirituel et si brave, François I$^{er}$, ou bien encore de la vie si grande et si habile de ce grand empereur Charles-Quint : voilà ce qui a nui à l'effet de Henri VIII. Mais il n'en est pas moins vrai que c'est là une physionomie d'un intérêt puissant. Voyez-le, je vous prie, succédant à son père avare et tout-puissant, qui lui laisse une grande couronne, une grande fortune, un peuple fatigué de bénir le feu roi, et qui ne demande pas mieux que de bénir le roi qui va venir. Tout va bien pour le jeune monarque anglais. Il commence, comme ont commencé tous les bons rois d'Angleterre avant lui, par faire une invasion dans le royaume de France. De retour en France, où il a vu François Iᵉʳ, il trouve l'Écosse pacifiée, il trouve le Parlement soumis à ses moindres ordres, il règne de près et de loin; un instant il est l'arbitre des destinées de l'Espagne et de la France, il tient entre ses mains l'avenir de la cour de Rome; la réforme qui gronde en Allemagne ne fait qu'augmenter la puissance de Henri VIII. Il assiste ainsi à la formation de la politique européenne; il voit naître ces hautes questions tant débattues depuis lui, et par tant de révolutions, sur lesquelles nous nous débattons encore; puis bientôt ses passions personnelles l'agitent autant que les guerres au dehors, lui et son royaume. Alors commence la triste et déplorable suite de ses amours légitimes; alors ses femmes montent sur l'échafaud, aussi fort étonnées de sa colère qu'elles ont été étonnées de la violence de son amour. La cour, formée à ce caractère emporté, ne s'étonne de rien; le peuple fait comme la cour: tout va bien. Peu à peu le pape lui-même se voit exposé à ce redoutable monarque. Un matin, en se réveillant avec une nouvelle passion dans le cœur, le roi sépare violemment le royaume d'Angleterre de la communion catholique. C'en est fait, le plus grand coup est porté à la religion du pape; elle ne se relèvera pas de ce grand exemple. Bien plus, Henri VIII se déclare grand pontife; il réduit à trois le nombre des sacrements; il renverse les monastères avec plus de fureur que Luther lui-même; et Charles-Quint, le voyant faire, Charles-Quint lui-même, qui mourut moine, regrette tout haut de ne pouvoir plumer lui-même *la poule aux œufs d'or*. Et quand une fois il fut entré un peu avant dans ses propres institutions religieuses, il les fonda, il les soutint, il les défendit, comme elles ont toutes été défendues et fondées, par le sang. Il a fait mourir à lui seul autant de misérables pour le crime de croire ou de ne pas croire que l'Inquisition même de Philippe II. Il a bouleversé ainsi de fond en comble l'esprit de la nation; il a ouvert ainsi la porte à ces hérésies religieuses dont le nombre égale les étoiles du firmament; il a refait le dogme catholique cinq ou six fois avec l'imperturbable sang-froid d'un homme qui est soutenu à la fois par une bonne armée et par une révélation venue d'en haut. Du reste, rempli de qualités brillantes, spirituel, généreux, désintéressé, magnanime; le jour d'après, injuste, opiniâtre, cruel, avide, implacable, amoureux, jaloux et violent à outrance. Et cependant il fut aimé, car il se fit peuple très-souvent, et très-souvent il allait à la taverne en vrai homme-peuple, portant à la main un gros bâton ferré sur lequel il s'appuyait et qui ressemblait tout à fait à la massue d'Hercule. Il est mort d'une colère rentrée après avoir ordonné des supplices ; il a été pleuré avec des larmes véritables par son peuple. Tout ce que je vous dis là serait fort incroyable si je ne faisais qu'un roman ordinaire ; mais ce que je dis là c'est de l'histoire, l'histoire, le plus vrai, le plus surnaturel et le plus singulier des romans.

Voilà donc en quelles mains et parmi quel peuple tomba Holbein. Holbein, en arrivant à Londres, se rendit chez le chancelier Thomas Morus. Le cœur lui battit bien violemment quand il se trouva en présence de l'ami de Henri VIII. Thomas Morus fait dans cette histoire un grand contraste avec Henri VIII. Homme de sang-froid et d'étude, de conscience et de calme, très-versé dans la science des lois, qui n'était pas une petite science à cette époque, aussi habile dans les belles-lettres qu'Érasme lui-même, poëte et philologue, vivant de peu, aimant à rêver de belles républiques bien tranquilles, et perfectionnant encore l'idéal de Platon, homme éminent, qui eut tous les goûts élégants d'un grand seigneur et toute la pauvreté d'un magistrat intègre et d'un courtisan qui ne sait pas flatter : tel était le célèbre chancelier d'Angleterre Thomas Morus.

Il habitait alors une vaste maison ouverte à tous, et qui fut ouverte sur-le-champ au jeune artiste. Thomas Morus reçut avec empressement le portrait et la lettre. Il s'arrêta longtemps à regarder le portrait, qui nous est resté comme un des chefs-d'œuvre d'Holbein. A la fin il ouvrit la lettre, il la lut en souriant, car c'était un homme qui aimait à lire Érasme; puis, prenant la main d'Holbein :

« Hans Holbein, lui dit-il, soyez le bienvenu en Angleterre; vous êtes ici dans la maison d'un ami. Tout ce que je possède est à vous, jeune homme; car vous m'avez apporté une recommandation puissante, le portrait d'Érasme. Restez donc ici, vivez-y tranquille; et, si votre femme vient vous y chercher, eh bien! nous mentirons une fois, et nous dirons à votre femme : « Hans « Holbein n'est pas ici. »

Ainsi parla le chancelier. Disant ces mots, il releva et embrassa Holbein; et de ce jour il eut dans sa maison un enfant de plus.

De ce jour aussi Holbein fut heureux et libre. Il se voua tout entier à ses travaux, si misérablement interrompus. Il vivait ainsi caché à tous, prêtant à peine l'oreille aux grands événements qui se passaient autour de lui. Holbein n'en voulait qu'à l'histoire passée, aux actions mémorables d'autrefois, aux héros tombés glorieusement. Il poursuivait de son mieux, dans le silence de l'atelier, les idéales perfections dont il était obsédé sans cesse ; il n'avait jamais été si heureux ; la famille du chancelier était sa famille. Il resta ainsi trois ans, produisant de nombreux tableaux d'histoire et satisfait des suffrages et des éloges de son illustre ami. Mais ce n'était pas là le compte de Thomas Morus ; il avait trop d'équité dans le cœur pour vouloir accaparer à son profit cette gloire cachée. Ces trois années furent trois années d'épreuves pour Holbein ; mais à la fin, quand il eut produit les tableaux dignes du grand nom qu'il s'est fait depuis, le chancelier jugea qu'il était temps de tirer son peintre de l'obscurité à laquelle il l'avait condamné.

Le jour de la justice vint alors pour Holbein, et ce fut un beau jour dans sa vie. Son hôte attendait un convive ; mais Holbein ne savait pas quel convive était attendu. Cependant toute la maison est décorée avec pompe, les serviteurs se hâtent et s'empressent ; le chancelier est inquiet, l'intérieur du palais éclate de mille feux : c'est une magnificence royale. Morus y perdit ce soir-là une partie de son patrimoine. L'heure arrive enfin. Alors vous auriez vu dans la ville de Londres la cour

et le roi, marchant à grande hâte, s'arrêter tout à
coup à la porte de cette maison ordinairement si
modeste. Le chancelier était en bas, présentant la
main à son roi. Le roi prit son hôte sous le bras,
et ils montèrent ensemble l'escalier. Alors Henri
fut surpris de l'éclat de cette maison, lui qui avait
vu *le Camp du drap d'or*. Mais ce qui le surprit le
plus, ce fut la collection d'Holbein. A cet aspect le
roi s'arrêta, étonné et confondu. Il avait à un haut
degré le sentiment des arts, et jamais il n'avait vu
réunies tant de belles peintures. Il allait d'un tableau à l'autre, muet et transporté ; il les regardait
tantôt en courant, tantôt en s'arrêtant ; quelquefois il poussait une exclamation, puis il retombait
dans son silence. Il n'y eut jamais d'enchantement
pareil. Holbein était dans un coin, attentif aux
moindres gestes du prince. C'était donc là ce terrible Henri VIII ! lui, cet homme si ravi, si transporté, si occupé d'un artiste ! Cependant le roi ne
se lassait pas d'admirer ; surtout, ce qu'il admirait
le plus, c'était la grâce des belles dames représentées dans ces tableaux, c'était la soie, c'était le velours, c'était l'hermine de tout ce monde, c'était
ce luxe vraiment royal de broderies, et de manteaux, et de plumes ondoyantes. Tous ces personnages si bien vêtus semblaient vouloir s'échapper
de leurs cadres, et le roi était prêt à leur tendre les

bras et à leur dire : « Venez à moi, belles dames ! »
Il resta ainsi une heure entière dans sa muette
contemplation.

A la fin, le roi s'écria en levant les mains :

« Quel est l'artiste qui a fait cela ? »

Holbein tremblait de tous ses membres ; son cœur battait violemment ; sa destinée allait prendre une face nouvelle. Le roi le remarqua à sa pâleur ; puis, comme c'était son habitude, il s'approcha tout près du peintre, et, lui parlant d'un ton irrité :

« C'est donc vous, Monsieur, qui faites toutes ces choses ? c'est donc vous qui parez si bien les femmes et qui donnez tant de broderies aux hommes ? Vraiment, vous effacez ma cour, et cela mérite une exemplaire punition. »

Puis bientôt, voyant le pauvre Hans si fort interdit, le roi se mit à sourire :

« En vérité aussi, j'ai besoin de vous à ma cour pour apprendre à nos dames à se faire belles, et à nos jeunes seigneurs à s'habiller ; vous serez le grand maître de notre goût, Monsieur... Mais comment donc l'appelle-t-on, Morus ?

— Il s'appelle Hans Holbein, sire, dit le chancelier ; il est venu ici recommandé à moi par Érasme de Rotterdam, et il vous remercie dans son cœur de toutes vos bontés, sire. A présent, si

Votre Majesté daigne les accepter, le peintre et les tableaux sont à vous.

—Et vous me faites un grand présent, mon féal; mais le peintre me suffit. Je ne veux pas vous priver de toutes vos richesses ; gardez vos tableaux, j'emmène Holbein dès ce soir. »

Voilà comment Holbein passa de la demeure du chancelier Thomas Morus à la cour du roi Henri VIII.

A cette cour, Holbein devint le premier peintre du roi; puis il devint son ami, et d'autant plus son ami que le roi n'avait à lui demander aucune injustice, aucune violence. Aussi, pendant que l'amitié de Henri était fatale à tous les siens, Holbein seul n'eut rien à en redouter ; il fut une exception à cette cour, où la plus grande fortune était voisine de la mort, où il n'y avait qu'un pas du palais épiscopal ou du lit nuptial à l'échafaud. Le succès d'Holbein dans cette froide Angleterre, si peu exercée encore aux beaux-arts, est une chose à peine croyable ; cependant il ne peut être mis en doute. Du jour où il fut protégé par le roi il n'y eut pas à Londres une femme belle et riche qui ne voulût être peinte par le peintre du roi ; d'ailleurs, il les faisait si belles ! il les faisait si riches ! c'était un peintre si essentiellement grand seigneur ! Toute la cour ambitionna l'honneur de poser devant Holbein ; il n'y eut plus une illustration complète sans la consécration du peintre. Si François I$^{er}$ avait pu voir quelle était la protection que Henri VIII accordait à l'artiste de son choix, François I$^{er}$ aurait été jaloux de son bon cousin d'Angleterre, avec plus de raison que Henri le jour où il fut vaincu à je ne sais quel exercice du corps par son cousin de France.

La fortune et les honneurs vinrent donc trouver Holbein tout à coup et le combler de leurs faveurs les plus rares. On sollicitait un portrait de lui comme on sollicitait une faveur du roi. Autour de lui se groupait, comme autour du roi, tout ce qui était distingué par la naissance, la beauté ou la gloire. Ses tableaux historiques et ses dessins étaient payés au poids des guinées. Il devint le peintre national de l'Angleterre tout d'un coup. Encore aujourd'hui ses ouvrages sont regardés par les plus riches Anglais comme les plus précieux ornements de leurs palais et de leurs musées. Aussi a-t-il été déclaré *Anglais* par les Anglais, qui n'ont pas voulu se souvenir de sa véritable patrie, l'Allemagne. Aussi bien, en Allemagne, il n'avait trouvé que sa femme; en Angleterre, il avait trouvé la fortune, l'estime, les honneurs, tout ce qui fait un grand artiste quand cet artiste a de l'instinct dans la tête et du génie dans le cœur.

Pour lui, il s'abandonna volontiers à ce nouveau genre de vie, qui dut lui paraître d'autant plus nouveau qu'il n'en avait aucune idée, n'étant jamais allé en Italie. Il reconnaissait tout bas combien son ami Érasme avait dit vrai. Il était tout entier à l'art et à son bonheur. L'amitié de Henri VIII pour son peintre ordinaire n'avait pas de bornes. Il se fit peindre par Holbein, et plusieurs fois, dans son royal costume. Il lui fit peindre plusieurs salles de son palais de Whitehall; mais l'incendie a dévoré le palais, qu'on a rebâti, et les peintures d'Holbein, que personne n'a pu refaire. Holbein peignit encore plusieurs grandes compositions, dans lesquelles il représenta plusieurs grands personnages de l'État. Si l'on considère combien ses tableaux sont finis dans leurs moindres détails, on peut dire que l'activité d'Holbein n'avait pas de bornes ; et puis, si à ses innombrables compositions, à l'huile ou à l'eau, vous ajoutez tous les dessins qu'il composa pour les orfèvres et pour les graveurs sur cuivre, vous comprendrez à quel immense travail il a fallu se condamner pour suffire à tout cela. Il a acquis ainsi une immense fortune, et, à mesure que sa fortune augmentait, son crédit sur l'esprit du roi allait aussi en augmentant. A ce sujet, parmi toutes les anecdotes que je passe sous silence, il en est une que je ne puis m'empêcher de raconter.

Holbein, devenu grand seigneur, en avait pris naturellement et facilement toutes les allures; il s'était fait une indépendance complète; il était très-flatté, très-estimé, très en faveur, très-volontaire. C'est le propre d'un grand artiste de se mettre tout de suite au niveau de toutes les fortunes, bonnes ou mauvaises, et celui-là s'était mis au niveau de sa haute fortune de façon à la dominer. Entre autres habitudes de sa maison, il avait pris l'habitude de fermer son atelier à tout le monde, excepté au roi, quand il travaillait à quelque grande composition qu'il ne voulait montrer que tout à fait achevée. Vous sentez bien d'ailleurs qu'il était trop habile artiste pour s'exposer aux jugements et surtout aux conseils des oisifs peu exercés qui abondent dans tous les ateliers des grands peintres. Un jour qu'il était enfermé chez lui, tout entier à son travail, un certain pair du royaume, un très-grand personnage du temps, voulut forcer la porte de l'atelier et entrer malgré la consigne. Holbein, entendant du bruit dans son vestibule, sort de son atelier et explique au jeune seigneur qu'il lui est impossible de le recevoir. Le jeune lord insiste alors, disant que cette heure-là est la sienne, et qu'il ne pourra pas venir un autre jour, et qu'enfin il veut entrer absolument. Là-dessus la dispute s'échauffe ; le jeune homme se met tout à fait en colère, et il veut entrer de vive force. Alors Holbein, hors de lui, saisit le jeune homme à travers corps et le jette en bas de l'escalier si violemment que celui-ci tomba aux pieds de ses gens en poussant un cri de douleur. Vous remarquerez que c'est là une scène qui se passe entre un simple artiste étranger et un très-grand seigneur anglais à une époque où c'était beaucoup d'être un grand seigneur.

Voilà ce que comprit fort bien Holbein quand il vit au bas de son escalier le lord d'Angleterre ramassé par ses gens ; il comprit tout de suite quelles conséquences funestes son emportement pouvait avoir. Aussitôt le voilà qui monte au sommet de sa maison, et qui se sauve par le toit, et qui arrive par ce chemin jusqu'au roi Henri VIII, qu'il trouva dans son cabinet, occupé d'une dissertation religieuse. Holbein, arrivé jusqu'au roi, se jette à ses pieds, et lui demande pardon à deux genoux sans lui apprendre de quel crime il est coupable. Le roi interdit le relève, et, quand il apprend qu'il s'agit d'un lord du parlement jeté par la fenêtre, il reste interdit, car il aimait son parlement, le roi Henri VIII ! Il avait été si bon pour lui, le parlement ! il l'avait débarrassé de toutes ses femmes, il l'avait débarrassé du pape et l'avait reconnu le pape de son royaume. Holbein reçut donc de très-vives réprimandes; puis le roi, toujours bon pour lui, lui montra du doigt la porte d'une chambre dont il lui défendit de sortir. Holbein reste là, renfermé chez son hôte royal, et fort peu inquiet au fond de l'âme, car il connaissait la toute-puissance de son protecteur. Au bout de quinze jours, quand le jeune lord trouva qu'il avait été assez longtemps malade, il se fit porter chez le roi. Il était soutenu par ses domestiques, il était tout entouré de bandelettes, il s'était mis dans l'état le plus pitoyable qu'il avait pu imaginer.

« Sire, cria-t-il, sire, justice! justice! »

Et son visage était très-animé, et aussi sa pantomime. Le roi cependant, feignant de ne rien voir de cette comédie, écoutait toutes ces plaintes avec la plus grande indifférence. A cette indifférence, le jeune lord ne se contint pas.

« Il s'agit d'un lord et non pas d'un chien, dit-il, sire; et, puisque Votre Majesté me refuse justice, je me ferai justice à moi-même! »

C'était là tout ce que le roi voulait.

« Vous oubliez vos bandelettes, cher lord, s'écria le roi, et vous oubliez le respect que vous devez à ma personne royale. Vous voulez aller sur mes droits de souverain, cher lord! Oh! que non pas! J'ai moi seul le droit de justice haute et basse ; vous n'irez donc pas plus loin, car je ne veux pas. D'ailleurs, la question change de face : ce n'est plus une dispute de peintre à gentilhomme, c'est mille fois plus que cela, cher lord; c'est une dispute de gentilhomme à souverain. Ainsi donc, à présent que vous m'avez manqué de respect, vous devez bien plutôt crier grâce et demander merci que de crier vengeance. Quant Holbein... Sortez, Holbein (et en même temps. l'artiste sortait de sa chambre); quant à Holbein, apprenez cela, Monsieur, et retenez bien mes avertissements, je vous prie. Voici un artiste qui est un des plus précieux joyaux de notre couronne d'Angleterre ; c'est un homme rare et que je ne saurais retrouver de longtemps si je venais à le perdre; voilà pourquoi il faut me le conserver, Monsieur, et ne pas lui chercher querelle. A l'heure qu'il est, si je veux, je puis envoyer ramasser sept paysans, les premiers venus, et en faire sept comtes comme vous, milord; mais de sept comtes tels que vous je ne ferais pas un peintre comme lui. Vous ferez comme vous l'entendrez, Monsieur le gentilhomme; mais je vous déclare ici hautement que s'attaquer à Holbein, c'est s'attaquer à moi... Adieu, Holbein; rentrez dans votre atelier, et soyez tranquille, vous êtes sous le manteau du roi. »

Holbein s'en alla fort tranquillement, et, depuis ce jour, il n'y eut plus personne qui voulût entrer dans son atelier sans sa permission.

Vous voyez que c'était une mode alors, et une grande mode, de protéger l'art et les artistes : l'empereur Maximilien proclame, au milieu de sa cour, qu'Albert Durer vaut un duc; le roi Henri VIII proclame, dans la sienne, qu'Holbein vaut sept comtes; à la cour de François I$^{er}$, il se trouve de très-grandes dames pour protéger tout ce qui était artiste venu de loin, pour embrasser tendrement les poëtes endormis, mode salutaire et honorable. C'est par l'art que le genre humain a commencé à s'affranchir; ce sont les grands poëtes, les grands architectes et les grands peintres qui ont commencé les premiers à enseigner l'égalité parmi les hommes. Les philosophes sont venus ensuite, qui ont fait le reste quand tout était fait. Cela a duré jusqu'à Louis XIV, lorsqu'il livra, lui, le roi, à son ami Molière, les petits marquis de sa cour. N'est-il pas vrai qu'en lisant ce trait de Henri VIII vous avez un peu moins d'horreur pour le mari d'Anne de Boleyn ?

Car, malgré nous, il faut bien arriver à ces horribles histoires de bourreau qui ont attristé la vie d'Holbein. L'amitié du roi Henri VIII était une de ces amitiés néfastes dont les conséquences sont horribles, et il était bien difficile de toucher la main de cet homme sans toucher le sang. Aussi, malgré tant de prospérités et d'honneurs, la vie d'Holbein était bien triste. Il avait beau se retirer dans la méditation et la retraite, il avait beau ne rien comprendre aux événements qui se passaient devant lui, toujours il arrivait que les événements le frappaient au cœur sans qu'il eût le droit de se plaindre. Bien plus, le soir même des exécutions les plus cruelles, il fallait porter un visage riant devant le soupçonneux monarque. C'est ainsi qu'il y eut un jour dans la vie d'Holbein où il vit monter sur l'échafaud son premier protecteur, son ami, son père, celui qui l'avait reçu dans sa maison, qui l'avait fait asseoir à sa table, celui qui l'avait donné à Henri VIII, le lord chancelier d'Angleterre lui-même, Thomas Morus. La mort de Thomas Morus couronna dignement sa vie. Il avait été longtemps captif à la Tour; il avait défendu de son mieux, non pas sa tête, mais quelque chose de plus précieux que sa tête, sa croyance. Seul dans ce vaste royaume, qui obéissait en silence et qui soumettait au monarque jusqu'à sa conscience, Thomas Morus défendit la liberté de la foi. Ce fut un jour de grand deuil pour l'Angleterre et pour Holbein.

Je n'ai pas besoin, n'est-ce pas ? de vous faire remarquer longuement quelle dut être la douleur de cet honnête artiste allemand quand il se vit, lui si heureux et si peu tremblant, devant un monarque si terrible, car la mort de Thomas Morus n'est pas la seule mort qu'Holbein ait eu à pleurer, car ce n'est pas la seule disgrâce qu'il ait eu à subir. Holbein a pleuré sur toutes ces morts, il a partagé dans son cœur toutes ces disgrâces. Presque toutes les femmes qui ont passé par les amours de Henri VIII, et qu'il a chassées violemment de son lit, soit par le fer, soit par le divorce, Holbein les avait admirées le premier ; il les avait vues presque toutes jeunes, et parées, et riantes, reines en espoir ; il avait fait leur portrait à toutes, car lui aussi il donnait des couronnes : témoin Anne de Clèves, que le roi épousa sur la foi d'un portrait d'Holbein, et qu'il renvoya quelques mois après, par arrêt du parlement, sous prétexte qu'elle ne parlait que l'allemand, qu'elle ne savait pas la musique et qu'elle ressemblait à une *grosse cavale flamande*. Du reste, il n'eut pas un reproche pour Holbein.

Mais Holbein, quelle dut être sa frayeur quand il vit monter sur l'échafaud la reine Catherine d'Aragon, cette belle Espagnole! Quelques jours après, comme l'échafaud n'était pas encore lavé, comme le sang royal fumait encore, Holbein fut appelé pour faire le portrait d'une autre reine, Anne de Boleyn. Il fit aussi le portrait de celle-là, songeant, malgré lui, à Catherine d'Aragon. Comme la main tremblait au peintre! comme son cœur battait! comme il la vit déjà mourante et condamnée, cette femme si fière alors, et si éclatante, et si belle, et si aimée, celle pour qui Henri VIII commettait son premier crime juridique! Anne de Boleyn était loin de prévoir ce qui se passait dans la pensée de son peintre; seulement elle le trouva triste et mélancolique. Lui, cependant, il peignait toujours. Pour la première fois il rencontrait dans son travail de ce genre des difficultés insurmontables; pour la première fois la couleur lui manquait, le jour lui manquait; je ne sais quelle ligne blafarde se prolongeait péniblement sur ce cou si frêle et si blanc. Le roi lui-même s'en aperçut :

« Voilà une bien vilaine ligne noire sur le cou de notre souveraine, » dit-il à Holbein.

Le pinceau tomba des mains d'Holbein.

Plus tard, cette ligne noire lui revint en mémoire quand Anne de Boleyn, à son tour, monta sur l'échafaud de Catherine d'Aragon.

Ces pauvres femmes, comme elles ont souffert! et comme elles ont aimé cet homme! et comme elle a dû être peu étonnée, cette pauvre Anne de Boleyn! Après Anne de Boleyn vint Jeanne Seymour; mais celle-là échappa à l'échafaud par sa mort naturelle. Holbein lui-même n'eut pas le temps de la peindre, tant elle mourut vite, cette pauvre reine, la seule que son époux a pleurée! Puis vint le tour de cette *grosse cavale flamande* qu'il répudia si vite, puis le tour de Catherine Howard, nièce du duc de Norfolk, comme l'était la jeune femme décapitée; Catherine Howard, bonne et douce, spirituelle, jolie, la plus jolie de toutes celles qui avaient posé devant Holbein. Le jour où Holbein la peignit, il aperçut encore cette fatale ligne noire qui l'avait déjà tant épouvanté. Henri VIII l'aperçut à son tour. Cette fois il comprit Holbein, et, pour le rassurer, et peut-être pour se rassurer lui-même, il se précipita dans les bras de Catherine; il baisa ses mains avec toutes sortes de transports. Holbein pleurait, le roi pleurait aussi; Catherine les regardait pleurer sans rien comprendre à cette scène extraordinaire; la fatale ligne noire ne disparut pas.

Et celle-là monta aussi à la Tour de Londres, où elle eut la tête tranchée avec lady Rocheford, un autre modèle de Holbein; et Holbein la pleura plus qu'il n'avait pleuré l'autre, car il l'aimait, car il aimait toutes ces belles femmes qu'il avait vues dans le plus grand éclat, et dont il avait prévu d'avance l'affreux destin.

Vous savez qu'en vieillissant le roi devint furieux, et que sa colère n'eut plus de bornes. Les plus illustres têtes de l'État tombèrent sous le couteau fatal. Il arrivait souvent qu'Holbein apprenait la mort d'un homme dont il avait fait le portrait, il n'y avait pas six mois, dans tous les attributs de la puissance. Son humeur se ressentit de cette position d'esprit; il se figurait qu'un portrait de lui était un arrêt de mort, et il refusa d'en faire davantage. Il fallait bien des instances ou bien du crédit pour le faire renoncer à cette résolution. Un jour même, comme il était à faire le portrait d'un vieux gentilhomme et celui de sa fille, on le vit tout à coup se jeter comme un furieux sur ces deux figures admirablement commencées, et les détruire sans qu'il en restât une seule trace; puis, quand tout ce tableau fut effacé, le pauvre peintre reprit sa sérénité, et avec son charmant sourire :

« Vous et votre père, Madame, dit-il à la jeune fille, vous vivrez encore longtemps. »

Ils vivaient ainsi ensemble, le peintre et le roi, vieillissant ensemble, le roi traitant son peintre comme un ami devant lequel on n'a pas à rougir, le peintre plein de respect et d'amitié pour son maître; et c'est là une chose extraordinaire : Holbein, si doux, si humain, si grand artiste, aimait Henri VIII. Il plaignait sa férocité, il pleurait sur ses crimes; mais il se sentait entraîné vers lui malgré lui-même. Ils vivaient donc ainsi sans se rien dire de ce qu'ils avaient sur le cœur; seulement un jour, un jour d'hiver, comme ils se promenaient dans le parc, arrivés à un certain endroit où le roi avait appris la mort de Catherine, le roi et son peintre s'arrêtèrent tout d'un coup, et ils se regardèrent sans se parler.

A la fin Henri rompit le silence :

« Elle était bien belle, Holbein ! lui dit-il.

— Oui, sire, dit Holbein; et l'autre aussi était bien belle! »

Puis il ajouta :

« Elles étaient bien belles toutes les six, Votre Majesté! »

Le roi se couvrit les yeux de sa main.

« Et laquelle regrettes-tu le plus, Holbein ? »

La réponse était difficile. Heureusement le roi fut saisi d'une atroce douleur qui le suffoqua.

Huit jours après il était mort. Il mourut le lendemain du jour où il avait fait décapiter le jeune comte de Surrey; le lendemain il envoyait à la mort son oncle paternel le comte de Norfolk.

Toute l'Angleterre le pleura avec des larmes véritables.

Holbein le pleura plus que tous les autres : Henri VIII était son ami, son appui ; il lui devait tout, et il l'estimait.

Depuis ce temps Holbein vécut à Londres fort retiré et assez obscur ; il ne fit qu'un portrait mémorable, le portrait de la jeune Élisabeth, fille de Henri VIII, la même qui fut depuis *roi* d'Angleterre, qui régna avec Shakespeare comme son père avait régné avec Holbein, et qui suivit avec tant de cruauté les leçons d'échafaud et de majesté royale livrée au bourreau, que lui avait léguées son père.

Sept ans après la mort du roi, en 1554, surgit tout à coup dans la ville de Londres cette peste mémorable qui ravagea avec tant d'acharnement cette capitale si remplie de vie et de plaisirs. A proprement dire, ce fut une peste italienne, suivie de terreurs tout à fait italiennes : on se fuyait, on avait peur. Malheur alors à ceux qui sont seuls ! pour ceux-là la mort est horrible. Elle fut horrible pour Holbein, qui n'avait que soixante-six ans. Seul dans cette grande ville qui n'était pas sa patrie, seul, sans amis, sans parents, sans consolation, survivant à tous ses protecteurs, il attendit la peste, dont il sentait le souffle brûlant. Son agonie fut longue, il avait peine à mourir. En mourant il repassa en lui-même toute sa vie, il compta un à un ses jours de bonheur et ses jours de peine, et, tout bien compté, il jugea qu'Érasme lui avait rendu un mauvais service. En effet, qu'était-il venu chercher à Londres? Une renommée qu'il eût trouvée partout, peut-être encore plus grande et plus illustre; une fortune qu'il ne pouvait laisser à personne et qui ne le faisait pas mieux mourir. De combien de peines et de traverses sa vie avait été remuée! à combien de funérailles il avait assisté en silence et dans l'ombre! combien peu de ses modèles il pouvait retrouver vivants! Et puis quelle triste histoire autour de lui! quel triste ciel au-dessus de sa tête! et puis toute sa vie suivre un roi et obéir aux moindres caprices de ses amours; voir son portrait de la veille passer du palais au grenier, rongé par les vers pendant que la hache tombe sur le modèle! Oh! ce n'est pas là une vie faite pour l'artiste: il faut à l'artiste de l'air, de la liberté et du soleil; il lui faut l'Italie et non pas l'Angleterre; il lui faut des fêtes, des plaisirs, des amours folâtres, et non pas des dissertations religieuses et des échafauds. Voilà ce que comprit Holbein en mourant. Il comprit qu'il avait profané et gaspillé sa vie à la cour ; il comprit qu'il avait manqué au bonheur, il comprit qu'à tout prendre mieux eût valu la tyrannie de sa femme, qui lui aurait donné des enfants, que l'amitié non moins tyrannique d'un roi qui ne lui avait donné que ce que peuvent donner les rois, de la fortune et des honneurs. Alors il eut une dernière pensée pour sa chère Allemagne, pour les montagnes de la Suisse, pour le pont joyeux où il avait représenté *la Danse des morts,* pour sa pauvre maison, si pleine de vie et si tranquille ; puis il mourut, cherchant vainement, parmi toutes les religions qu'avait semées son maître autour de lui, dans quelle religion il devait mourir.

Il mourut sans que la ville de Londres sût qu'il était mort, il mourut sans être pleuré par personne ; il mourut de la mort du Titien, mais il n'eut même pas les honneurs funèbres du Titien. On n'a jamais su où reposait le cadavre pestiféré du plus grand peintre de son temps.

Au commencement du XVII<sup>e</sup> siècle le comte Arundel, l'un des plus chauds admirateurs des chefs-d'œuvre de l'art, et particulièrement d'Holbein, voulut élever un monument funèbre à la mémoire de ce grand artiste, dont il rassemblait les moindres dessins à grandes peines et à grands frais; on plongea, par ses ordres, dans le cimetière de la peste de 1554, mais on ne put rien découvrir; on n'eut pas même un lambeau d'Holbein pour élever un tombeau à ses restes. Soyez donc l'ami du plus terrible roi du monde et le plus grand peintre de votre temps!

J'ai peu parlé des chefs-d'œuvre d'Holbein, d'abord parce qu'ils sont généralement trop connus pour qu'il soit nécessaire d'en parler, ensuite parce qu'il entre dans mon plan de finir le récit biographique de ces hommes à part, récit que personne n'a fait encore, pendant que plusieurs se sont occupés de leurs ouvrages dans les plus minutieux détails. Cette fois, autant que nous le pourrons, nous substituerons l'homme à l'œuvre, le peintre à son tableau; nous ferons pour eux ce que Plutarque a fait pour les anciens héros : il a laissé de côté leurs batailles pour leurs histoires de ménage; il leur a ôté leur cuirasse pour les revêtir de la robe de chambre, et personne ne lui en a su mauvais gré.

On voit à Bâle plusieurs beaux tableaux d'Holbein, entre autres la Vierge dans une pose admirable, pleine de candeur et de pureté, ayant à ses pieds le bourgmestre de Bâle, sa fille, sa femme et ses sœurs. La galerie de Dresde possède plusieurs chefs-d'œuvre de cet artiste. On peut voir au

Louvre un de ses plus beaux tableaux, mais l'Angleterre a presque tout gardé. Plus riche et plus passionnée pour l'art que nous-mêmes, l'Angleterre, quand elle a un chef-d'œuvre, ne le lâche jamais.

# VENDUE EN DÉTAIL

Mon histoire est touchante, ou plutôt son histoire est touchante à elle, la pauvre fille ! si gracieuse et si jolie. Sa vertu l'a perdue. Pour avoir commencé par être honnête, elle est dans la fange aujourd'hui ; si elle eût commencé par le vice, elle serait dans la soie et dans l'or. Voilà notre justice !

Voyez-vous, il y a tant de misère aujourd'hui ! il est si difficile de vivre, même aux femmes qui vivent de si peu ! Les hommes pullulent sur cette terre comme les vers sur le fumier. N'ayant pas à vivre comme des hommes, ils vivent du travail des femmes. Ils se font couturières et brodeuses ; ils se feraient marchandes de modes au besoin. Que voulez-vous que devienne une malheureuse jeune fille dans cette situation étouffée, où les **rangs** sont pressés comme un essaim d'abeilles dans une ruche? La place au plus fort, au plus adroit, au plus vif! La force est tout, et après la force la ruse.

Le grand sexe écrase le petit sexe. Que de pauvres êtres qui expirent ou qui se déshonorent dans un coin! Trop heureux encore quand le déshonneur même ne leur manque pas!

Ceci va vous paraître étrange; malheureusement ce n'est pas un paradoxe.

Il faut lever encore ce coin du voile de l'étude des mœurs. Oui, voyez cela! le vice, qui ne manque pas aux hommes, manque aux femmes. Aujourd'hui plus que jamais les hommes se prostituent à l'envi; ils ont des marchés où ils vendent à un prix certain leur conscience et leur honneur; ils vendent leur plume et leur parole; ils ont des prix convenus pour leur soumission et pour leur respect... Ils font des rois, on les paye; ils défont des rois, on les paye; ils meurent, on les paye. Les hommes se vendent sous toutes les formes, sous toutes les apparences, sous toutes les espèces. La vénalité les enveloppe de son manteau, elle les met à l'abri de son bras puissant. Tout se vend encore chez les hommes. Les révolutions leur profitent en les secouant. La révolution met à flot ce qui était à sec; elle bâtit sur les places vides, elle renverse les palais déserts, elle dresse des monuments à des héros nouveaux, des temples à des dieux inconnus, des trônes à des rois bourgeois; elle fait tout pour les hommes et rien pour les femmes. Cette fois elle a ôté aux femmes leur dernière ressource, le vice.

Plus de vice! plus de passion! plus de ces mouvements irrésistibles qui poussaient le riche à enrichir son idole! Phryné n'est plus possible; le monde des courtisanes est au rabais; il se déteint, il passe, il quitte ses riches vêtements, il pâlit, il s'agenouille, il tend la main. Soyez belle, et jolie, et jeune, qu'importe? Le vieillard vous regarde d'un œil terne et mort; le jeune homme passe son chemin, tout entier à ses ambitions politiques; l'artiste est pauvre comme toi, pauvre fille; la jeunesse des princes, cette source des grandes fortunes, ne fait plus la fortune de personne. Où est la maîtresse du prince royal? Et comment voulez-vous que le prince ait une maîtresse? la Chambre des députés lui donne un million de plus le jour où il sera marié.

La pauvre enfant (j'en reviens à mon histoire), la misère la tenait au corps; la misère, silencieux et froid compagnon, la misère la suivait pas à pas; la misère froissait sa robe fanée, déchirait son mouchoir troué, pénétrait son soulier d'eau pluvieuse; c'était la misère qui faisait son lit avec quatre brins de paille, qui chauffait son poêle avec une once de charbon ; la misère lui servait de femme de chambre le matin et le soir; la misère dressait sa table sur son pouce rougi par le froid ! Elle marchait donc suivie et précédée, et enveloppée de toute part, par son triste compagnon, la misère !

Ce n'est pas un compagnon comme un autre : il n'a ni cœur, ni âme, ni sourire, ni larmes, ni pitié, ni rien d'un homme. Un autre compagnon, quel qu'il soit, au bagne même, s'attache à son compagnon, et partage avec lui ce qu'il peut avoir, n'eût-il rien à partager. La misère, pauvre diable qui ne parle pas, qui ne soupire pas, qui ne vous regarde pas ! Il pèse sur vous comme un plomb. Cependant la pauvre fille marchait d'un pas léger.

Elle arrive chez une vieille. La vieille femme, cet égout moral des grandes villes, la vieille femme est une sentine où viennent se rendre toutes les immondices des passions humaines. Ces êtres-là, qui l'eût dit? ont déshonoré les cheveux blancs; elles ont des grandes mains osseuses et desséchées qu'elles tendent au coin des rues le soir, et dont le toucher vous dessèche même à travers votre manteau. La vieille avait partagé le sort des jeunes : elle était veuve de vice, elle aussi ! Cependant elle avait encore un fauteuil en cuir pour s'asseoir, un pot de terre pour se chauffer, un registre pour écrire sa dépense, un gros vieux matou pour avoir quelque chose à aimer. Du reste, la vieille était triste, l'œil morne, la tête basse, le poil abattu ; mais son chat favori faisait le gros dos.

Mon héroïne, — hélas ! hélas ! elle était tremblante ! — mon héroïne s'avança vers la vieille; elle se posa devant elle et lui parla humblement, lui montrant du geste son invisible compagnon, la misère. Pour peu qu'on ait des yeux, on le voit à droite et à gauche, long, fluet, aigu, qui circule comme l'air de décembre autour du pauvre ! a vieille vit tout de suite ce qu'elle avait, la pauvre fille ! mais la vieille, dure comme son propre malheur, était dure au malheur d'autrui.

C'était une de ces âmes coriaces qui ont passé à travers toutes les rugosités de la vie, âme battue, tannée, salie, raclée, pelée rouge et noire, toute plissée, toute ridée, réduite à rien, élastique comme la gomme dans l'écritoire d'un censeur, d'un usurier ou d'un huissier. La vieille resta écrasée un instant dans sa contemplation hideuse au fond de sa vilaine âme; puis elle releva ses yeux rouges et inégaux, et, voyant ce frais visage amaigri qu'il aurait été si facile d'arrondir, voyant ces mains qui pouvaient devenir si blanches, voyant cet œil bleu aux longs cils, la vieille poussa du fond de son atroce poitrine un horrible soupir... Que ce joli visage lui rappelait des temps plus heureux ! Comme autrefois elle se serait plu à parer ce beau corps si mendiant, à rehausser par la blanche dentelle cette tête si mignonne, à couvrir d'un fin tissu ces épaules si fraîches, à mettre des gants glacés à ces mains glacées, à renfermer dans un soulier étroit ce pied qui se joue dans cette épaisse chaussure ! Quel chef-d'œuvre elle eût fait de cette pauvre fille, l'infâme vieille ! Cela eût été aussi grand miracle que le miracle de Pygmalion ! Et quand il eût été fait, ce chef-d'œuvre, quand il eût été bien posé sur sa base, bien réchauffé par le soleil, bien éclatant de lumière, bien animé par le rayon d'en haut, alors le Phidias ridé et en jupon sale eût appelé autour de sa statue tous les connaisseurs de la ville et de la cour. Pygmalion eût mis à l'encan son chef-œuvre, il eût prostitué sa Galatée pour de l'or !... C'étaient là les passe-temps les plus dangereux, les plus doux et les plus lucratifs de la vieille dans ses beaux jours.

A l'aspect de la jeune fille, son stupide visage

s'éleva jusqu'à l'intelligence, elle regarda de bas en haut et de haut en bas le bloc informe et charmant. Elle était comme l'artiste du bon La Fontaine devant le marbre de Carrare : « Sera-t-il dieu, table ou cuvette? » Il sera dieu! dit l'artiste dans son premier instant d'enthousiasme. Mais l'art! où est-il? qui veut de l'art?... Le statuaire, qui allait faire un dieu, se rappela tout à coup qu'on n'adore plus les dieux; le marbre devint cuvette ou table. La vieille hocha la tête d'un air mécontent : elle venait de perdre son dieu, elle aussi. « Ma fille, dit-elle à la pauvre enfant, je ne puis rien pour vous, ma fille. Je meurs de faim, moi qui vous parle; il n'y a plus de chalands dans ma boutique si fréquentée. La nuit, on ne frappe plus à ma porte; le jour, c'est en vain que ma porte est mystérieusement entr'ouverte. La misère! la misère! la misère! » Et elle caressait le gros chat, qui faisait le gros dos.

Alors l'enfant, qui s'était tenue debout et droite comme une jeune personne à marier qui comprend qu'on la regarde, voyant qu'elle n'avait plus rien à espérer, s'assit nonchalamment par terre, devant le foyer de la vieille. La vieille, avec un regard de regret et de pitié, passait ses doigts sillonnés dans cette belle chevelure blonde, machinal amusement qui lui rappelait vaguement le soin qu'elle avait autrefois de la toison de ses brebis.

Ces cheveux étaient souples, soyeux, épais, purs de toute essence corruptrice; c'étaient les beaux cheveux d'une pauvre fille oisive, qui n'a rien à faire qu'à se parer de la seule parure qui lui reste. Les boucles épaisses ruisselaient autour de ce cou frêle et blanc; elles tombaient en flocons sur ce front poli. La vieille se jouait avec cette masse transparente; le vent fit jaillir les cendres du pot de terre sur la longue chevelure cendrée... Vous n'auriez pas dit sur quelle partie de la tête était tombée la cendre, tant c'étaient des cheveux d'une belle couleur!

Une idée vint à la vieille.

« Veux-tu vendre ta chevelure? » dit-elle à l'enfant. Accroupie qu'elle était sur le pot de terre, le cerveau fasciné par la faim et par la vapeur du charbon, cet opium bâtard à l'usage des suicides de la populace, l'enfant n'entendit rien d'abord. Ce mot : *vendre ses cheveux*, lui parut un rêve, un de ces rêves de la faim et du froid qui font le sommeil du pauvre. Le rêve dure toute la nuit; le matin venu, on regrette le rêve... Quelle joie, tout cela, comparé à la réalité!

La vieille, avec le sang-froid d'un commis de boutique qui fait un faux aunage, prenant les beaux cheveux à leur racine, se mit à comparer leur longueur à la longueur de son bras. L'épaisse chevelure, accouplée à ces vieilles cordes tendues sous une peau flasque et jaunâtre, en prit un reflet plus doux. La vieille, elle-même frappée à son insu par ce contraste, resta le bras tendu, regardant tour à tour ce bras si sec et ces cheveux si souples.

En même temps une mèche grise et filandreuse sortant du bonnet crasseux de la vieille, on eût dit que cet horrible crin mettait le nez à la fenêtre et regardait avec envie la belle chevelure de l'enfant.

« Veux-tu vendre tes cheveux ? dit la vieille. Ils sont longs d'une bonne aune... je te rapporterai quinze francs. »

La jeune fille, jetant les cheveux de côté et d'autre, relevant ses cheveux de son front avec sa main amaigrie, ouvrit ses yeux humides et se prit à sourire tristement. Pour quinze francs elle faisait le sacrifice de ses cheveux.

Alors la vieille se baissa jusqu'à un panier où dormait le matou. Elle dérangea le matou doucement, et elle chercha quelque chose dans son panier. C'était un large panier tout rempli de guenilles : vieilles écharpes jadis roses, et à présent toutes tachées, dont la vieille se faisait des foulards pour sa tête ; collerettes déplissées et trouées dont elle se fabriquait des mouchoirs de poche; vieux bas chinés dont le mollet était en soie et dont le pied était en laine; vieux bas dont le mollet était en laine et dont le pied était en soie. La plupart de ces bas n'avaient plus de talon, ni en soie ni en laine. « Mais qu'importe? disait la vieille; tant qu'il y a de la tige, n'y a-t-il pas toujours du talon? »

Elle jetait tous ces bas de côté et d'autre. Tout volait dans l'appartement : les vieux nœuds de ruban rose, le casaquin de basin, si appétissant le matin, les garnitures effeuillées, les taches, les trous, les broderies filandreuses, tout l'horrible pêle-mêle d'un luxe vicieux se trouvait dans cette corbeille. Au fond de la corbeille se trouvait une vieille paire de ciseaux : c'était cette paire de ciseaux que cherchait la vieille.

Quand elle eut retrouvé ses ciseaux, vieil instrument à faire les ongles et à couper la soie, elle reprit dans ses mains les cheveux de l'enfant, tout à la racine, jusqu'à effleurer la peau; elle se mit à couper ou plutôt à scier cette vaste et flottante nappe qu'une reine eût enviée. O malheur! la vieille sciait, les ciseaux gémissaient, la pauvre enfant accroupie se laissait faire. M. Pope a fait un long poëme avec *la boucle de cheveux enlevée;* M. Marmontel a traduit le poëme de M. Pope :

personne ne fera de poëme sur cette chevelure qui tombe sous la main de l'infâme vieille! Peuple ignoble que nous sommes ! Après trois quarts d'heure d'horrible travail, le sacrifice fut consommé.

Quand tout fut fini, la belle dépouille fut enfermée dans un vieux journal de théâtre, autre débris de l'opulence d'autrefois. La pauvre enfant tendit la main : on lui donna quatorze francs au lieu de quinze. Elle partit. Mais le froid était vif, le froid tombait d'aplomb sur cette tête dépouillée; tout à l'heure un simple bonnet de gaze suffisait à cette jolie tête, à présent le froid la pénètre ; le froid est insupportable : plus d'ornement, plus de chaleur, plus de boucles flottantes, plus rien ! Elle achetait un bonnet chaud avant d'acheter du pain.

Cela dura six jours, six mortels jours d'ennui. Elle avait perdu sa joie du matin, son moment d'orgueil de chaque jour, quand, devant un miroir de glace brisée, elle regardait ses blonds cheveux, quand elle se consolait de n'avoir pas de chapeau en songeant à ses cheveux. Le soir venu, elle retrouvait encore un moment de bonheur. Tout cela était perdu ! Puis revint la faim pressante ; revint, plus rapide et plus silencieuse que jamais, la misère, le triste compagnon. Elle retourna chez la vieille, tenant son front dans ses

deux mains, son pauvre front si nu et si dépouillé!

La vieille était assise : elle ravaudait ; en ravau-
dant elle murmurait une chanson bachique ; elle
avait soif. Ce fut à peine si elle regarda l'enfant
quand l'enfant entra.

La vieille lui dit brusquement :

« Tout ce que je puis faire pour toi aujour-
d'hui, c'est de t'acheter cette dent qui est là et qui
ne te sert à rien pour ce que tu manges. »

En même temps elle appuya son doigt infect sur
une dent blanche et perlée qui valait un royaume
à la place où elle était.

La dent qu'elle touchait, la vieille, c'est la première dent qui se montre dans un sourire, la
première dent qui se montre à travers deux lèvres
roses, la dent qui s'appuie sur le front de l'amant,
la dent qui prononce ce mot-là : *Je t'aime !* Elle
donne son charme au sourire, leurs grâces aux
larmes, son accent à la colère et à l'amour ; au
joueur de flûte elle donne le son. Otez cette dent,
plus de flûte et plus d'amour. C'est cette même
dent-là que touchait la vieille.

Que vous dirai-je ? elle avait tant de sang-froid
à marchander cette marchandise ! c'était à prendre
ou à laisser ; c'était un service qu'elle rendait à la
pauvre fille : tant pis pour elle si elle ne voulait

pas. Il y avait tant de dents à vendre, et de plus belles! N'avait-elle pas déjà payé ses cheveux bien cher? L'enfant, fascinée et puis insouciante, et trop pauvre pour songer à être belle, hélas! dit *oui*. Du même pas, la vieille la mena chez un dentiste.

Dans la chaîne des êtres médicaux, le dentiste est, comme le peintre et le sculpteur, un artiste de luxe. Il faut qu'on soit heureux et riche pour acheter un tableau ou pour se faire blanchir les dents. Depuis la révolution de Juillet, le dentiste, comme le marchand de couleurs, a éprouvé bien des désastres. Aussi le dentiste de la vieille, voyant venir une pratique, se mit tout bas à remercier le Ciel; il prépara à la hâte ses instruments et étala sa trousse. Il visita la bouche de la jeune fille, mais la trouva si saine, si rose, si fraîche, si pure (toutes ses dents étaient alignées comme des perles; elles étaient de ce ton chaud et mat qui annonce la durée), qu'il en devint pâle, car assurément la jeune fille s'était trompée : le dentiste ne voyait aucun prétexte à instrument dans cette bouche. C'était encore une journée perdue pour lui !

« Je ne vois pas une seule dent à déranger ou à polir, dit-il à la vieille, remettant son instrument dans son étui.

— Il faut absolument, dit la vieille, arracher cette dent-là; j'en ai besoin.

— Je n'oserai jamais, dit le dentiste.

— Nous irons chez un autre dentiste, » dit la vieille.

Le dentiste réfléchit qu'il ne fallait pas laisser cette dent à arracher à un autre. Et puis les temps étaient bien durs!

« Si j'arrachais une des dents de la mâchoire inférieure, dit-il tout bas à la vieille, cela reviendrait au même et cela ne se verrait pas. »

L'inflexible vieille montra de nouveau la dent qu'elle voulait avoir.

Alors il procéda à l'opération.

Cela fut long. La dent tenait dans ses plus profondes racines. Le dentiste était peu sûr de sa main qu'arrêtait le remords. L'enfant souffrit une horrible torture. Enfin la dent céda; elle vint au bout de l'instrument avec un très-petit morceau de la gencive (c'était un habile dentiste). L'enfant se trouva mal. On lui fit boire un peu d'eau; on lui fit rincer la bouche. La vieille lui donna dix-huit francs, puis à ces dix-huit francs elle en ajouta deux autres : elle venait de réfléchir que les dents ne repoussent pas comme les cheveux. La vieille était juste à sa manière. Où se niche la conscience!

La pauvre fille rentra dans son grenier avec vingt francs de plus et une dent de moins.

Quand elle se revit devant la glace et qu'elle vit sa bouche ainsi agrandie, ce gouffre ouvert entre ses deux lèvres; quand elle entendit l'air de ses poumons siffler en sortant de sa bouche, quand elle vit la grimace hideuse remplacer le sourire; quand elle comprit que son hôtelier qu'elle payait lui parlait avec moins de compassion, quand elle entendit dans son âme retentir ce mot funeste: « Laide! tu es laide! » elle se sentit alors plus pauvre et plus nue que jamais; elle sanglotait, et ses yeux n'avaient pas de larmes. Dans l'excès de sa douleur, elle portait ses mains à sa tête; mais, ô douleur! trouvant son crâne nu et dépouillé, ses deux mains reculaient épouvantées comme si elles eussent touché un fer chaud.

Elle vécut encore vingt jours avec sa dent, vingt jours bien tristes et bien sombres, vingt jours sans que personne lui accordât un mot d'amitié ou un sourire, car elle avait perdu les seuls protecteurs que lui eût donnés la nature: son sourire et ses beaux cheveux; elle avait vendu les deux amis de sa jeunesse, ornements peu coûteux et charmants, et que rien ne pouvait remplacer; elle avait porté ses mains sur elle-même, plus à plaindre et plus malheureuse mille fois par ce suicide en détail que toutes les jeunes filles qui meurent en bloc et tout entières victimes d'un amour malheureux.

Et puis le fatal compagnon, qui ne s'était éloigné que de l'épaisseur d'un cheveu et de la largeur d'une dent, la misère, revenait sur ses pas; et, revenue plus livide et plus mince que jamais, elle déployait ses grandes ailes de chauve-souris autour de la malheureuse fille, elle comptait ses dents une à une, ses cheveux un à un... Mais la misère n'avait plus de dents à acheter, plus de cheveux à faire vendre. D'ailleurs, que lui importe? trouver des ressources, ce n'est pas son affaire; quand elle tient un pauvre diable à la gorge, c'est au pauvre diable à s'en délivrer par tous les moyens : plus sa victime est engourdie, plus la misère dort en paix sur son sein.

A la fin, chassée de son grenier, et n'emportant de cet asile que le fragment de son miroir, comme on emporte un remords, la pauvre fille allait dans la rue, et elle revint chez la vieille qui était en train de faire son repas; la vieille mangeait un potage dans une porcelaine ébréchée : c'était un potage succulent et odorant, tout garni de légumes et de morceaux de viande égarés dans la marmite. La pauvre enfant, voyant la vieille manger, se souvint qu'elle avait faim; mais la vieille n'y songeait pas, elle jetait son potage dans sa grande bouche avec une avidité toujours croissante ; sa langue épaisse et large claquait dans son palais, lançant autour d'elle une salive jaunâtre et graissée. Cependant elle n'oublia pas son chat : elle lui laissa le fond de l'écuelle, le meilleur ; le chat se fit prier longtemps pour toucher au potage ; la pauvre fille ne se serait pas tant fait prier.

Quand elle eut essuyé son menton avec son bras, et son bras avec sa main, et sa main à la poche de son jupon, la vieille dit à l'enfant :

« Je t'ai trouvé encore quelque chose, ma fille : puisque tu as du courage, viens avec moi ; je vais te mener chez un jeune homme qui te payera bien. Viens, et surtout ne tremble pas.

— Ma mère, dit la jeune fille, je veux bien vous suivre, mais j'ai faim ; donnez-moi un morceau du pain que je vois là, et je le mangerai en chemin. »

Disant cela, elle se jeta avidement sur le pain. Mais la vieille arrêta sa main :

« Cela te ferait mal, mon enfant ; il est très-heureux, pour ce que nous allons faire, que tu n'aies pas encore mangé. »

Bonne et excellente femme, va !

Elles sortirent toutes les deux.

La vieille, qui ne voulait pas être compromise, dit à la jeune fille de marcher à distance. La vieille avait des souliers neufs, achetés avec le prix des cheveux de l'enfant, l'enfant était en pantoufles trouées ; la vieille avait un châle sur les épaules, acheté avec la dent de l'enfant, l'enfant avait l'épaule presque nue : on eût dit, à les voir passer, un rédacteur et un propriétaire du *Constitutionnel*. Elles arrivèrent à une maison de belle apparence, rue de Tournon ; elles traversèrent une grande cour ; elles montèrent un petit escalier à gauche. Arrivée au second étage, la vieille sonna. Un laquais vint ouvrir la porte, et les deux femmes furent introduites dans la maison.

L'appartement était de bonne apparence ; il y avait un tour au milieu de la chambre, tour bourgeois et de fantaisie, plutôt fait pour le plaisir que pour le travail, et qui annonçait bien plus un jeune homme de bonne famille qu'un simple ouvrier. Dans un coin de l'appartement, un grand jeune homme, une lancette à la main, et dans l'attitude du plus profond recueillement, était occupé à saigner méthodiquement une feuille de chou ; il choisissait de préférence les veines les plus fugitives de l'innocent légume, et quand, à l'aide de l'instrument, il était parvenu à faire sortir un peu de sang, c'est-à-dire un peu du jus blanchâtre de la feuille, il poussait un cri de joie, comme s'il venait de mettre la dernière main à une pipe pour lui-même ou à un dévidoir pour ses sœurs. La vieille s'approcha, attirant la pauvre fille après elle. « Monsieur Henri, dit-elle, voici la veine que vous m'aviez demandée. Voyez cela ! il y en a à choisir, j'espère ! Comme toutes ces veines se croisent sous cette peau argentée ! Cela vaut mieux que vos feuilles de chou, n'est-ce pas ? »

Et M. Henri, Esculape de dix-huit ans, médecin depuis quinze jours, anatomiste de la veille, prit ce bras si joli et si blanc, et avec un petit sourire de suffisance le regarda.

Il regarda, non pas la pauvre fille si pâle et si belle encore, non pas ce jeune sein qui battait si fort, non pas ce regard bleu de ciel qui tombait sur lui en suppliant, non pas même cette main si mignonne qu'il tenait dans sa main... de tout ce corps, il ne regardait qu'une veine, une seule veine ! et, sans mot dire, froidement, impassible comme le médecin qui guérit, sur la veine de la pauvre fille, qu'elle lui vendait sans savoir son prix, il fit son apprentissage de saigneur d'hommes, lui qui jusqu'alors n'avait été que saigneur de choux.

Voilà où la science a conduit tous nos jeunes hommes ! Ils n'ont plus de passion, et plus de cœur, et plus de pitié, et plus d'amour. Montrez-leur une femme : il faut qu'elle soit aux assises pour que l'étudiant en droit s'en occupe; il faut qu'elle ait une veine à ouvrir pour que l'étudiant en médecine la regarde. Pauvres, pauvres femmes! Et si vous vous étiez trompé de veine, Henri, c'eût été une femme de moins, n'est-ce pas? Mais d'ailleurs Henri était sûr de son fait : il avait déjà saigné tant de feuilles de choux!

Je ne vous dirai pas ce que Henri donna à la pauvre fille pour sa veine, cela ferait peur à dire : un barbier du vieux siècle aurait eu honte de prendre si peu pour une saignée. Il est vrai encore qu'il vint peu de sang de la veine ouverte : la pauvre fille en avait si peu !

Henri, tout joyeux de sa première saignée, congédia les deux femmes, laissant précieusement un peu de sang sur la lancette pour pouvoir dire à ses sœurs : « Voyez comme je saigne bien ! » Retournez aux feuilles de choux, Henri !

La vieille mena la jeune au cabaret. Elle lui disait en chemin :

« Tu vois bien à présent, ma fille, que j'ai eu raison de t'empêcher de manger; rien ne fait mal comme une saignée pendant la digestion. Mais à présent, viens boire avec moi. » Elles allèrent boire du vin à quatorze; et si on avait dit à la vieille : « C'est du sang que tu bois, » elle aurait répondu : « Non, c'est du vin. »

J'avais dessein, en commençant cette histoire, de vous raconter longuement les ventes partielles de cette pauvre fille; mais j'aurais honte pour nous tous. Sachez seulement cela, vous autres : elle a tout vendu de son corps, tout, excepté ce que les autres femmes vendaient autrefois, sa vertu, car il ne s'était trouvé personne pour l'acheter. L'innocence d'une jeune fille n'est plus bonne à rien aujourd'hui, même pour le vice : le vice n'en veut plus. N'est-ce pas une chose bien triste? Il faut qu'une femme se donne au vice pour rien. Il n'y a plus que ses cheveux, ses dents ou son sang qui s'achètent.

Notre pauvre fille, après avoir vendu sa veine à un étudiant, a vendu sa tête à un peintre; elle a posé dans une scène de pestiférés, tant elle était pâle; puis on lui a mis du rouge, et c'est aujourd'hui une de ces saintes de l'église Saint-Étienne, de la cathédrale d'Anvers.

Que vous dirai-je? Et que n'a-t-elle pas vendu au plus bas prix possible! Elle a vendu sa gorge à un mouleur, et le plâtre maladroitement appliqué, a enlevé à tout jamais tout le duvet de la pêche. Elle a vendu son épaule et son pied à un statuaire, et les bosses de son crâne à un crânologue, et les heures de sommeil à un faiseur de somnambulisme; elle a vendu ses rêves à une cuisinière qui jouait à la loterie, tout son corps au *Gymnase dramatique* comme figurante ; elle vendrait son cadavre au médecin si elle était à Londres ; mais nous sommes dans un malheureux pays où les cadavres sont à rien.

Et pour comble de maux, de damnation et de vénalité, elle a épousé un censeur homme de lettres. Il est son mari et elle est sa femme ; elle dîne avec lui, elle lui donne le bras quand il sort, elle porte son nom, elle est enceinte d'un petit de lui. Le jour de son mariage elle n'a trouvé pour signer son contrat que la vieille qui l'a vendue en détail, ne pouvant la vendre en gros.

En entrant chez son époux, l'héroïne de mon conte a reconnu sa tête dans un tableau, sa gorge et son pied dans un plâtre, les numéros qu'elle avait rêvés sur un billet de loterie, et dans un bocal de pharmacie les remèdes qu'elle avait ordonnés comme somnambule. Le soir, quand il s'est agi de coucher avec sa femme, le censeur a ôté les cheveux de sa tête : c'étaient les cheveux de sa femme ; il a ôté une dent de sa bouche : c'était la dent de sa femme. Quinze jours auparavant il avait été saigné par le saigneur de sa femme. Ainsi toute cette jolie créature si jeune, si douce, si blanche, si rieuse, qui eût fait le bonheur d'un roi, qui aurait eu une cour à ses pieds, au

XVIIIe siècle! O profanation! dans notre siècle stupide et stérile, il ne s'est rencontré qu'un vil censeur pour l'acheter, et encore pour l'acheter en détail!

# TABLE

### DU TOME PREMIER DES CONTES

|  | Pages |
|---|---|
| Le Mariage vendéen. | 1 |
| Émile. | 29 |
| Histoire de Gervais. | 53 |
| Le Haut-de-chausses. | 59 |
| L'Échelle. | 73 |
| L'Enfant perdu. | 101 |
| Une Fin d'automne | 113 |
| Les Deux Duels. | 141 |
| La Sœur rose et la Sœur grise. | 157 |
| Rosette. | 221 |
| Holbein. | 251 |
| Vendue en détail. | 295 |

A PARIS

DES PRESSES DE D. JOUAUST

*Imprimeur breveté*

RUE SAINT-HONORÉ, 338

## ŒUVRES DIVERSES DE JULES JANIN

Nous ne publions ni les œuvres complètes de Jules Janin, ni des œuvres *choisies*, dans le sens qu'on attribue généralement à ce mot, qui indique le plus souvent un choix fait sans le concours de l'auteur; mais celles de ses œuvres pour lesquelles il avait le plus marqué sa prédilection. Notre collection est l'accomplissement d'un projet formé du vivant de Jules Janin, et l'exécution d'une de ses dernières volontés.

Les *Œuvres diverses de Jules Janin* se composent de 12 volumes, savoir :

| | |
|---|---|
| L'Ane mort, précédé de l'*Autobiographie de l'auteur* | 1 vol. |
| Mélanges et Variétés littéraires | 2 vol. |
| Contes et Nouvelles | 2 vol. |
| Correspondance | 1 vol. |
| Critique dramatique | 4 vol. |
| La Fin d'un Monde et du Neveu de Rameau, suivi de *Nouvelles* | 2 vol. |
| | 12 vol. |

Outre le tirage ordinaire, il est fait un TIRAGE D'AMATEURS, ainsi composé :

| | | |
|---|---|---|
| 300 exemplaires | sur papier de Hollande à | 7 50 |
| 25 — | sur papier Whatman à | 15 » |
| 25 — | sur papier de Chine à | 15 » |

350 exemplaires, numérotés.

*Chaque volume est orné d'une* Gravure a l'eau-forte par Ed. HÉDOUIN, *réservée spécialement pour ce tirage.*

Août 1876.

www.ingramcontent.com/pod-product-compliance
Lightning Source LLC
Chambersburg PA
CBHW060357170426
43199CB00013B/1900